SERVIÇO SOCIAL
identidade e alienação

Dados Internacionais de Catalogação na Publicação (CIP)
(Câmara Brasileira do Livro, SP, Brasil)

Martinelli, Maria Lúcia

Serviço social : identidade e alienação / Maria Lúcia Martinelli. -- 17. ed. -- São Paulo : Cortez, 2024.

Bibliografia.
ISBN 978-85-249-1890-2

1. Serviço social - Aspectos políticos 2. Serviço social - Brasil 3. Serviço social - Filosofia 4. Serviço social como profissão I. Título.

24-189201 CDD-361.981

Índices para catálogo sistemático:

1. Brasil : Serviço social 361.981

Cibele Maria Dias - Bibliotecária - CRB-8/9427

Maria Lúcia Martinelli

SERVIÇO SOCIAL
identidade e alienação

17ª edição

São Paulo – SP

2024

CORTEZ EDITORA

SERVIÇO SOCIAL: identidade e alienação
Maria Lúcia Martinelli

Direção Editorial: Miriam Cortez
Coordenação editorial: Danilo A. Q. Morales
Assistente editorial: Gabriela Orlando Zeppone
Preparação de originais: Glória Maria Coelho
Revisão: Ana Maria Barbosa
Maria Aparecida M. de Lima
Carmen Teresa Simões
Maria de Lourdes de Almeida
Tuca Dantas
Projeto gráfico e diagramação: Linea Editora
Capa: de Sign Arte Visual

Direitos para esta edição
CORTEZ EDITORA
R. Monte Alegre, 1074 — Perdizes
05014-001 — São Paulo-SP
Tel.: +55 11 3864 0111
editorial@cortezeditora.com.br
www.cortezeditora.com.br

Impresso no Brasil – novembro de 2024

Ao meu querido pai, Lourenço Martinelli, e aos meus irmãos, cunhados e sobrinhos, com muito amor.

Aos queridos amigos Ursula Simon Karsch e Evaldo Amaro Vieira, com carinho e gratidão.

"Mas o dia vai chegar e o mundo
vai saber, não se vive sem se dar.
Quem trabalha é que tem direito de viver,
pois a terra é de ninguém."

Marcos Valle e *Paulo Sérgio Valle*

Sumário

Apresentação à 17ª edição

Saúdo com muita alegria a publicação da 17ª edição de meu livro *Serviço Social: identidade e alienação*, que formou, ao longo do tempo, gerações de assistentes sociais.

Fruto de minha tese de doutorado, defendida na Pontifícia Universidade Católica de São Paulo (PUC-SP) em 1988 e, em seguida, publicada pela Cortez Editora, constituiu-se em obra de referência nos diversos cursos de Serviço Social no Brasil, na América Latina, em Portugal, na África e em vários espaços acadêmicos, nos quais pude realizar atividades com as quais me identifico profundamente: docência e pesquisa em Serviço Social.

De modo breve e aproximativo, alinho aqui alguns pontos que foram muito importantes para conferir esse estatuto à minha produção:

- a natureza da obra, seu pioneirismo, um dos primeiros estudos de natureza hermenêutica sobre o Serviço Social como existente em si e em suas relações com a sociedade capitalista, na qual teve sua origem e desenvolvimento;
- a perspectiva crítica, buscando desvendar as contradições que marcam a história do Serviço Social no Brasil e o real significado da profissão no processo de reprodução das relações sociais;
- o recurso ao par dialético identidade/alienação e às categorias marxianas para penetrar densamente no tecido sócio-histórico e político da sociedade;
- o reconhecimento do Serviço Social como área de produção de conhecimento.

Não é o caso de me alongar numa análise mais detida. Com certeza, no decorrer da década de 1990 e dos anos 2000, muitos estudos se desenvolveram sobre a história do Serviço Social, adensando estas matrizes de análise, especialmente no que se refere aos fundamentos do Serviço Social. Considero, porém, que não excluem estudos precedentes, mas avançam na direção de novas e criativas construções. Este é o sentido da história.

Maria Lúcia Martinelli
outubro 2024

Apresentação à 1ª edição

Produzida originalmente como tese de doutorado em Serviço Social, apresentada à Pontifícia Universidade Católica de São Paulo, a presente obra revestiu-se, para mim, sempre de um significado muito especial, pois me trouxe a possibilidade de me deter, ao longo de todo um ano, no aprofundamento do estudo de questões teóricas do Serviço Social que desde há muito me convocavam para a reflexão.

Assim, mais do que o mero atendimento a um dispositivo regimental, sua elaboração constituiu-se em um momento especialmente fecundo, de análise, de reflexão e de síntese. Incursionando pelo fértil terreno da História, da Filosofia, tratei de buscar ali a seiva para a alimentação das ideias, as raízes para a produção do texto. Foi, portanto, com muita alegria que acolhi a sugestão unânime da banca examinadora, no sentido de torná-lo público, transformando-o em livro.

Integrada pelos professores doutores Waldenyr Caldas, Flávio Venâncio Luizetto, Antônio Joaquim Severino, Maria Lúcia Carvalho da Silva e Evaldo Amaro Vieira — orientador —, aos quais muito agradeço pelas importantes contribuições trazidas através de suas arguições, tal banca reforçou em mim a convicção de que o texto produzido preenchia uma lacuna na literatura latino-americana do Serviço Social e que, portanto, devia ser publicado e colocado à disposição da categoria profissional.

Faço-o agora, homenageando, com esta publicação, todos os assistentes sociais latino-americanos, especialmente aqueles que nos precederam historicamente e que nos legaram o Serviço Social que hoje temos, registrando aqui a minha esperança maior de que tenhamos a força, a lucidez e a coragem de transformá-lo no Serviço Social que queremos!

Maria Lúcia Martinelli

Prefácio

Poucas áreas das ciências humanas têm revelado tanta inquietação teórica como o Serviço Social. Quando se observa a intensa produção bibliográfica dessa área, ocorrida nas últimas décadas, fica-se impressionado com o dinamismo e a fecundidade desse verdadeiro projeto de reconceituação que se propôs a área do Serviço Social. De uma perspectiva filosófica, esse esforço que o Serviço Social faz para se repensar pelas raízes é muito significativo, uma vez que se constitui sob a forma de um processo epistemológico e crítico que, sem dúvida, vai se transformando num autêntico paradigma para as demais áreas de formação e de atuação profissionais voltadas para a realidade social, no âmbito da sociedade capitalista contemporânea. Com afinco e propriedade, o Serviço Social vem buscando ultimamente fazer seu acerto de contas com o capitalismo, pondo a limpo todas as múltiplas determinações que, enquanto modo de produção, impôs como configuração cultural dessa área.

Isso implica fundamentalmente a tomada de consciência da inquestionável origem do Serviço Social no âmago do projeto político da burguesia capitalista emergente, tendo sido criado como uma estratégia de intervenção amortecedora no tecido social, com vistas a evitar um conflito direto com o proletariado. Essa aliança de berço cria, sem dúvida, uma complicada situação para o Serviço Social quando se propõe, através de seus agentes críticos, a questionar o sentido de sua intervenção na sociedade. Essa é uma das motivações mais profundas que têm incentivado e alimentado esse debate da reconceituação do Serviço Social e que atingem fundo a consciência do profissional da área, como o reitera com seu testemunho pessoal a própria autora deste livro, ao introduzir sua problemática: Na verdade, "muitas dúvidas, interrogações e questionamentos foram se alojando em meu universo intelectual ao longo de mais de duas décadas de contínuo e ininterrupto exercício profissional na área do Serviço Social" (p. 19).

E o trabalho de Maria Lúcia Martinelli, que ora tenho a satisfação de apresentar, ao buscar apreender a identidade desse profissional ao mesmo tempo que expõe suas alienações, é outro valioso subsídio nesse esforço de autocompreensão que os teóricos do Serviço Social vêm desenvolvendo com tanto empenho. A autora, o tempo todo, trabalha sob o forte impacto de uma questão radical, que se lhe torna angustiosa: teria claro para si o assistente social que, ao sucumbir "diante da lógica do capital, era o seu próprio ser dialético, sua consciência social, sua identidade profissional que sucumbia, para dar lugar a um 'não-ser', a um ser sem efetividade, a uma categoria sem identidade própria e reprodutora de uma prática reificada, produzida pela cultura dominante, e sem nenhum potencial de transformação da realidade?" (p. 20-21). Questão realmente crucial, até mesmo no plano ontológico, introduzindo uma contradição interna e cabal, pois ser assistente social acabava sendo o mesmo que ser não-ser, tal sua perda de si mesmo na identidade (falsa) que lhe atribuíra o capitalismo. Para superar essa contradição, impõe-se resgatar a identidade desse profissional, identidade considerada como "elemento definidor de sua participação na divisão social do trabalho e na totalidade do processo social", portanto, tomada "dialeticamente como uma categoria política e sócio-histórica, que se constrói na trama das relações sociais, no espaço social mais amplo da luta de classes e das contradições que as engendram e são por elas engendradas" (p. 22).

Por isso, o texto começa pelo desvendamento das práticas do Serviço Social sob as quais se constituiu uma ilusão de servir; num segundo momento, são expostos e denunciados os ardis do capitalismo, armados para a captura da consciência do profissional; em seguida, o texto nos leva à proposta de ruptura com a alienação, de negação da identidade atribuída e, portanto, de afirmação da identidade resgatada e de uma consciência de si para si, de uma nova consciência social.

Nos termos em que a autora se propõe a especificar a identidade profissional do assistente social, ou seja, enquanto categoria sócio-histórica, superando assim as perspectivas de uma concepção idealista da mesma, o problema que se coloca é que ela não mais poderá ser constituída sem que seja contraposta à luz do processo social como um todo. Aí talvez se encontre a grande dificuldade da argumentação filosófica e da demonstração histórica da autora, pois que a nova identidade, desalienada, não fica claramente viabilizada, se levarmos em consideração a resistência da sociedade do capital que permanece, intangida, impondo sua própria e ferrenha causação. Será que o resgate de uma identidade profissional, enquanto reconstrução histórica, da reconciliação com a vida e com o movimento, fonte da própria vida, não pressuporia, simultaneamente, uma transformação mais profunda da sociedade? O que nos garantirá, enquanto atuarmos nas tramas das relações sociais do capitalismo, que não continuaremos vítimas da ilusão de servir, servindo justamente àqueles que domina? Maria Lúcia não volta, sem dúvida, ao "céu dos idealistas", mas também não deixa clara e concretamente indicados os caminhos que devem trilhar, na terra do realismo histórico, os novos profissionais do Serviço Social.

Mas esta questão sem resposta não é um impasse só do trabalho que ora apresento: trata-se de um questionamento mais abrangente que se amplia e se generaliza, dizendo respeito ao sentido político da prática de todos aqueles que querem atuar criticamente nos meandros da sociedade capitalista. Não me restam dúvidas de que será muito significativa a contribuição deste livro para uma compreensão mais profunda, mais rigorosa e mais crítica da prática do Serviço Social por parte daqueles que, juntos com a autora, se propuseram a fazer essa travessia: com efeito, nos seus termos apoiados em Guimarães Rosa (1956, p. 274), "é preciso romper com a estagnação e realizar a travessia, pois é no meio da travessia que o real se dispõe para a gente".

São Paulo, março de 1989

Antônio Joaquim Severino

Introdução

Pensar o Serviço Social: eis a tarefa

Em um dos trabalhos de sua juventude, Hegel, muito empenhado em compreender a vida em sua plenitude, como uma atividade inseparável da história, escreveu "Pensar a vida, eis a tarefa" (Hyppolite, 1970, p. 12). Esta ideia me acompanhou muito de perto quando, ao me deter na análise da variada gama de temas que poderiam constituir objeto da tese de doutorado, que ora se torna livro, concluí que o que me atraía verdadeiramente e me impulsionava a buscar respostas, convocando-me para a reflexão, era o próprio Serviço Social enquanto existente em si e em suas relações com a sociedade capitalista em que teve sua origem e desenvolvimento como prática social institucionalizada. Assim, mais do que uma ou várias situações específicas com ele relacionadas, preocupava-me compreender o real significado da profissão na sociedade do capital, sua participação no processo de reprodução das relações sociais. Muitas dúvidas, interrogações e questionamentos foram se alojando em meu universo intelectual ao longo de mais de duas décadas de contínuo exercício profissional na área do Serviço Social. O aprofundamento dos estudos sobre a trajetória histórica do Serviço Social, por exemplo, despertava em mim uma grande motivação, pois aí estava uma questão que sempre me aguçava a curiosidade: saber até que ponto tal trajetória favorecera ou impedira o desenvolvimento da identidade profissional e da consciência social dos agentes profissionais. Relacionada com essa, uma outra situação impunha-se com o mesmo vigor, exigindo ser visitada de maneira crítica: no caso de a trajetória histórica ter impedido o desenvolvimento da consciência social dos agentes, saber como a alienação penetrara tão fortemente no interior da categoria profissional, permitindo que o fetiche da prática aderisse firmemente a ela, chegando a transfigurá-la, dando-lhe a conotação de uma prática alienada, alienante e alienadora, enclausurada nas instituições e distanciada da luta de classes.

Ainda nesta temática da alienação, uma outra indagação crucial era saber até que ponto os agentes tinham consciência de que a burguesia estava assumindo progressivamente o controle de sua prática, transformando-a em uma estratégia de domínio de classe, em um instrumento de reprodução das relações sociais de produção capitalista. Complementando essa indagação, cabia saber se os agentes se davam conta de que ao longo desse processo sua própria identidade estava sendo consumida pela sociedade burguesa que se constituía. Mais do que consumida, sua identidade estava sendo, na verdade, plasmada artificialmente pela burguesia para lhe servir como estratégia de consolidação de seu domínio de classe. Da mesma natureza e de igual gravidade era o questionamento sobre a adoção da identidade atribuída pelo capitalismo como referencial persistente da prática do Serviço Social. A pergunta que se impunha era: os agentes tinham consciência de que, operando com tal identidade, suas ações profissionais passavam a constituir respostas aos interesses do capitalismo, contribuindo para a reprodução das relações sociais capitalistas e para a expansão do capital? Finalmente, a pergunta essencial, com a qual todas as anteriores de certa forma estavam relacionadas: estava claro para os agentes que, ao sucumbirem à lógica do capital, era o seu próprio ser dialético, sua consciência social, sua identidade profissional que sucumbia, para dar lugar a um "não-ser", a um ser sem efetividade, a uma categoria sem identidade e reprodutora de uma prática reificada, produzida pela cultura dominante, e sem nenhum potencial de transformação da realidade? Enfim, revendo todas essas questões e procurando ordená-las em torno de referentes comuns, pude constatar algo que me surpreendeu ao evidenciar que as categorias Identidade e Consciência Social, nucleadoras do conjunto das indagações, tinham efetivamente a marca de temática persistente em meu universo intelectual. Já na elaboração de minha dissertação de mestrado, durante a década de 1970, lá estavam a me desafiar, invadindo minhas reflexões sobre a especificidade do Serviço Social como profissão: "Tal aspecto é de fundamental importância, pois somente no momento em que a profissão alcança sua identidade específica e distintiva é que atinge sua autonomia científica" (Martinelli, 1977, p. 4-5).

Assim, refletindo um pouco sobre a dialética da escolha e perguntando-me se eu escolhera realmente aquela temática ou se ela é que me havia escolhido, resolvi assumi-la criticamente, atribuindo-lhe o estatuto ontológico de objeto de minha tese de doutorado. Contando com a benevolente compreensão, que deve ser atributo dos grandes filósofos, concluí, parafraseando Hegel: "Pensar o Serviço Social, eis a tarefa". Tal pensar não significava, porém, um voo livre sobre o Serviço Social, uma vez que estava diretamente referenciado a uma indagação fundamental sobre sua identidade profissional e suas conexões com a consciência social de seus agentes. Por outro lado, não era um pensar estático sobre um momento específico, mas um pensar dialético, que, recuperando a história, seus movimentos e os diferentes momentos de prática social dos agentes, buscava compreender o Serviço Social como fenômeno social, histórico e cultural. A questão fundamental, que, assumindo a função de hipótese, de ponto de referência para a caminhada, determinava o itinerário de busca a ser seguido, era: *a ausência de identidade profissional fragiliza a consciência social da categoria profissional, determinando um percurso alienado, alienante e alienador de prática profissional.*

Uma vez posta a hipótese, de imediato prefigurou-se-me a necessidade de clarificar com muita precisão a categoria identidade, liberando-a de reducionismos tautológicos e de ressonâncias metafísicas. Um primeiro cuidado neste sentido é explicitar que a identidade a que se está referindo, e que constitui objeto de reflexão da presente obra, é a identidade da profissão em si mesma considerada como elemento definidor de sua participação na divisão social do trabalho e na totalidade do processo social. Portanto, mais do que uma categoria filosófica, dotada de estatuto lógico e ontológico, a identidade profissional está sendo pensada dialeticamente, como uma categoria política e sócio-histórica que se constrói na trama das relações sociais, no espaço social mais amplo da luta de classes e das contradições que a engendram e são por ela engendradas.

Nesse sentido, a identidade profissional não podia se confundir com o idêntico, nem tampouco com a igualdade e muito menos com a uniformidade — um vazio insípido e desprovido de relações —, assim como não podia ser pensada como algo fixo, imóvel, estagnado e petrificado. Era preciso visualizá-la sempre como uma categoria essencialmente dinâmica, construindo-se permanentemente no confronto com as contradições do real e em meio às determinações sociais. Tempo e movimento configuravam, então, variáveis intrinsecamente relacionadas com a construção da identidade, o que tornava impossível aprisioná-la em esquemas rígidos e imutáveis, ou mesmo apreendê-la apenas a partir de sua representação aparente. Assim, somente recorrendo à dialética, como pensamento crítico capaz de desmascarar o real, é que se poderia desvendar os caminhos necessários para buscar a identidade. Pulsando com o tempo e o movimento, criando-se e recriando-se continuamente no fértil terreno das diferenças, das alteridades, das diversidades, a identidade profissional demandava uma forma peculiar de aproximação: enquanto categoria histórica, só podia ser compreendida historicamente. Mais uma vez, a dialética mostrou-se como o caminho necessário, definindo claramente que apenas no processo histórico a identidade profissional adquiria materialidade e concretude, indispensáveis à sua compreensão. Foi o pensamento dialético ainda que indicou as vias de reconstituição da trajetória histórica do Serviço Social, deixando claro que essa deveria partir necessariamente da própria atividade prática objetiva dos agentes. Neste sentido, tornava-se imprescindível que tal reconstituição "re-criasse" o processo de inserção da profissão no tecido das relações sociais mais amplas, tanto em suas formas de prática como em suas relações políticas com o Estado.

Os modos de produção da identidade, como categoria histórica, social e política, estão profundamente relacionados com o movimento da história, o que torna impossível estudar a identidade profissional do Serviço Social sem estabelecer nexos de articulação com as revoluções burguesas, com o surgimento e ascensão do capitalismo e, em especial, com a luta de classes, expressão contundente das contradições e antagonismos que marcam esse modo de produção.

Por este motivo, o primeiro capítulo da tese se detém na análise do surgimento do Serviço Social e do capitalismo como fenômenos históricos profundamente relacionados. Sob o título "Serviço Social: a ilusão de servir", procura responder à indagação se em algum momento o Serviço Social desenvolveu formas peculiares de prática ou se, ao contrário, limitou-se a ser sempre um modo de aparecer típico do capitalismo, por ele engendrado e desenvolvido.

Examinar as formas de prática historicamente desenvolvidas pelo Serviço Social colocava-se como um verdadeiro imperativo, tendo em vista avaliar-se até que ponto atendiam às demandas da realidade ou dela se distanciavam progressivamente para responder aos interesses da sociedade burguesa constituída.

O segundo capítulo, "Os ardis do capitalismo", examina a complexa situação que se instaura quando a profissão, capitulando diante da lógica do capital, passa a operar permanentemente com a identidade atribuída. A própria persistência com que é operacionalizada e crescentemente ratificada pela classe dominante faz com que, sancionada pelo uso, acabe se autonomizando e ganhando estatuto ontológico próprio. Num verdadeiro fetichismo, a identidade atribuída é que é fixada como identidade da profissão, abrindo amplos espaços para a produção de um percurso alienado, alienante e alienador da prática profissional. A ausência de movimento de construção de identidade fragiliza a consciência de seus agentes, impedindo-os de assumir coletivamente o sentido histórico da profissão. Assim, essa acaba por expressar e reproduzir a face do capitalismo, transformando-se em um de seus instrumentos de reprodução das relações sociais capitalistas. Nesta análise, procura-se evidenciar a importância do vínculo entre a identidade profissional e a consciência social de seus agentes. Situando a consciência como uma categoria eminentemente histórica, social, que se constrói a partir do trabalho, da atividade produtiva material, e que está vinculada à consciência da posição social de determinado grupo na sociedade, indica-se o papel relevante que lhe cabe na marcha organizativa e no exercício profissional dos assistentes sociais. Intrinsecamente relacionada com a identidade, elemento fundante de todo o processo de apreensão e apropriação do real, é a consciência que se coloca na base da trajetória profissional, dando o sentido, a direção da caminhada, definindo as perspectivas da prática e suas estratégias.

Assim, a ausência de identidade profissional acaba por configurar um problema de graves consequências, pois fragiliza a consciência social da categoria profissional, impedindo-a de ingressar no universo da "classe em si" e da "classe para si" do movimento operário. Não reunindo condições para realizar o percurso em direção a uma consciência crítica, política, a profissão não consegue igualmente, até mesmo por seus limites corporativos, participar da prática política da classe operária, sendo absorvida pela tecnoburocracia da sociedade do capital e, "como tudo que é sólido, desmancha no ar" (Marx e Engels, 1981, p. 34).

O terceiro capítulo, "Serviço Social: rompendo com a alienação", situa o movimento de negação da identidade atribuída e de superação da alienação como uma possível via de ruptura do Serviço Social com suas próprias origens burguesas e o seu passo inaugural para a construção coletiva de uma dinâmica identidade profissional, produzida por uma categoria politicamente assumida, participante da "classe para si", e portanto capaz de criar alternativas de práticas sintonizadas com o desenvolvimento das contradições sociais e voltadas para a busca de novas totalizações.

A identidade profissional e seu corolário natural, a consciência social, colocam-se, assim, como elementos fundantes dessa busca que hoje, passados mais de dez anos da dissertação de mestrado, já não se dirige mais teleologicamente para a "autonomia científica" do Serviço Social, mas para sua legitimação como prática social de caráter popular e, neste sentido, capaz de se somar às forças revolucionárias que lutam pela construção de uma nova sociedade.

Identidade e consciência social não podem ser pensadas, portanto, à distância da totalidade social, como abstrações ou generalidades ou como categorias isoladas; é preciso pensá-las dialeticamente, como categorias plenas de movimento e de historicidade. O exame da literatura revela, porém, que nem sempre esse é o tratamento a elas dispensado. No âmbito das ciências sociais, no sentido geral, os estudos realizados se ressentem de um viés determinista e psicologizante, de fundo positivista, que transforma a consciência em "representações coletivas, crenças, motivações, valores, tendências" (Frederico, 1979, p. 21), esvaziando-a de sua dimensão mais rica: a histórico-social. Por não partirem de teorias que contemplem a sociedade como totalidade dialeticamente estruturada nem da consciência como um produto da existência social, que exprime e ao mesmo tempo constitui as relações sociais, tais estudos se perdem em interpretações microssociológicas, que não tomam como fundamento nem a sociedade de classes em geral nem a classe social em particular, mas sim o indivíduo em sua singularidade, como unidade psicossocial. Neste sentido, incorrem em sérias dificuldades, pois somente a partir da situação de classe dos agentes no processo de produção é que se pode buscar conhecer os determinantes de sua consciência. A tese de mestrado de Celso Frederico de 1970, com base nos pressupostos teóricos formulados por Lukács, em especial em *História e consciência de classe* (1923), constitui um dos poucos exemplos de estudo que caminham nessa direção de aproximação à realidade de classe.

Dentro da linhagem marxista,[1] a pergunta sobre a identidade como categoria em si ou em suas conexões com a consciência tem estado

---

1. O termo "marxismo" designa o sistema teórico emergente da obra de Marx (1818-1883) e, em consequência, "marxista" designa partidário de tal sistema, adotando-o como "visão de mundo" — como a ele se referia Plekanov (1894). O termo marxista se estende, portanto, a pessoas, grupos ou organizações que se apoiem no pensamento de Marx.

presente no horizonte da comunidade científica brasileira, convocando para a reflexão filósofos e intelectuais como Fausto (1983), Giannotti (1983), Oliveira (1987) e Ianni (1968, 1987), para citar apenas alguns. No que se refere ao Serviço Social, a pergunta sobre a identidade, embora não formulada com essa denominação, encontra-se presente na maior parte dos textos produzidos na América Latina durante as décadas de 1970 e 1980. Tais décadas assistiram ao apogeu, fluxo e refluxo de um movimento latino-americano de revisão crítica do Serviço Social, que no contexto da profissão recebeu a denominação de Movimento de Reconceituação do Serviço Social. Neste Movimento, a preocupação com a inserção do Serviço Social no mundo capitalista — e portanto com sua identidade — assumiu a dimensão de temática persistente. Na América Latina, foram muito significativos os esforços do Centro Latino-Americano de Trabalho Social — Celats, organização associativa continental, com sede em Lima, Peru, para incrementar a reflexão sobre essa temática. Os trabalhos pioneiros de Maguina (1977, p. 17-26) e Parodi (1978, p. 33-43) discutindo, a partir de fundamentos analíticos marxistas, a própria natureza do Serviço Social e seus espaços ocupacionais na sociedade do capital, não podem deixar de ser citados como importantes exemplos dessa fase. Nesta mesma vertente teórica, uma obra de fundamental importância como análise histórico-sociológica da profissão é a produzida por Iamamoto e Carvalho (1982), abrindo significativos ângulos para a reflexão e o debate. Ainda nesse contexto de apreensão do significado histórico-social da prática profissional dos assistentes sociais, a partir de sua inserção no processo de reprodução das relações sociais, merecem destaque as obras de Manrique de Castro (1984) e de Palma, este discutindo em um primeiro momento o próprio Movimento de Reconceituação (1977) e, alguns anos mais tarde, a dimensão política da prática profissional (1986). Ao lado da produção contida nos números da revista *Acción Crítica*, publicada sob o patrocínio do Celats e distribuída para toda a América Latina, um livro muito importante por apresentar conclusões de um seminário latino-americano promovido por esse mesmo organismo em 1982, na cidade de Chaclacayo, em Lima, Peru, é *Serviço Social crítico: problemas e perspectivas*, valendo-se, aliás, do tema do próprio seminário.

Como publicações independentes, não patrocinadas pelo Celats mas se inserindo na mesma linhagem de reflexão, há importantes trabalhos de docentes das universidades brasileiras envolvidas durante as décadas de 1970 e 1980 com as questões da identidade, da legitimidade e dos confrontos e crises do Serviço Social no mundo capitalista. Devem ser lembrados os trabalhos de Kfouri (1975), Lopes (1979), Souza (1979), Faleiros (1981), Carvalho (1983) e, mais recente, representando já um amadurecimento do processo de reflexão, o livro de Karsch (1987). Um esforço pioneiro em termos de Brasil, e que historicamente significou uma forma de participação no Movimento de Reconceituação, foi aquele realizado pelo Centro Brasileiro de Cooperação e Intercâmbio de Serviços Sociais — CBCISS, ao reunir em dois momentos distintos, em 1967 e em 1970, profissionais de todo o Brasil para refletir sobre questões cruciais do Serviço Social. Os documentos que resultaram desses eventos contêm um profundo valor heurístico, pois são reveladores das formas e tendências através das quais a questão da identidade profissional foi tratada no Brasil. O primeiro, denominado *Documento de Araxá*, resultou de um encontro em Araxá em março de 1967, ainda em uma fase bem inicial do movimento de reconceituação. Congregando trinta e oito profissionais convidados pelo CBCISS, o I Seminário de Teorização do Serviço Social tinha por objetivo a reflexão sobre o Serviço Social no Brasil, em especial na complexa conjuntura histórica posterior ao golpe de 1964. O eixo nucleador das análises, debates e reflexões foi a natureza do Serviço Social. Entendia-se naquele momento que explicitar qual a posição por ele ocupada no plano dos conhecimentos humanos era de fundamental importância, tanto para definir a natureza da ação profissional como as funções que lhe correspondiam no sistema capitalista. Na verdade, tal discussão encobria um sério impasse no qual o Serviço Social se via envolvido, pois suas práticas restritas, reducionistas e microssociais não conseguiam responder de forma efetiva aos complexos problemas da realidade brasileira naquele grave momento de sua história. Assim, em seu parágrafo 34, o Documento (1967, p. 13) afirma que "impõe-se a reformulação do Serviço Social em novas linhas de teoria e de ação para melhor servir à pessoa humana e à sociedade".

Durante 1968, o CBCISS realizou sete encontros regionais para levantar opiniões sobre a validade teórica do *Documento de Araxá*, bem como para recolher subsídios tendo em vista a introdução de reformulações que se fizessem necessárias. Novecentos e cinquenta e oito assistentes sociais brasileiros participaram de tais eventos e se manifestaram. Com base em suas manifestações e nas análises delas decorrentes, foi programado o II Seminário de Teorização do Serviço Social. Cento e três assistentes sociais foram convidados e, desses, trinta e três compareceram ao encontro, que se realizou em janeiro de 1970 em Teresópolis. O tema central foi a metodologia do Serviço Social e, no interior dessa, a questão de seu objeto de ação. As reflexões sobre o objeto ganhavam grande expressão, pois neste momento atribuía-se-lhe o papel de elemento definidor da participação do Serviço Social na divisão social do trabalho, e, portanto, fundamental para delimitar os espaços ocupacionais da profissão. Como tentativa de "modernizar" e "dar nacionalidade" à prática profissional dos assistentes sociais, o Encontro de Teresópolis, denominação usual do II Seminário, discutiu também modelos operacionais, nos quais indicava os principais fenômenos que incidiam na área de atuação do Serviço Social, as variáveis que os acompanhavam e as possíveis funções a serem executadas pelos agentes mediante o uso de procedimentos metodológicos próprios. A racionalidade da prática e a competência técnica do profissional expressavam-se a esta altura como alternativas para superar os crescentes problemas que o Serviço Social enfrentava em uma sociedade cada vez mais oprimida não só pelas contradições e antagonismos que marcam o regime capitalista mas, em especial, por sua própria situação política, de uma sociedade envolvida por uma ditadura militar que espalhava sequelas de toda ordem e que a todos atingia. Desse evento resultou o segundo documento, denominado *Documento de Teresópolis*, publicado, assim como o anterior, pelo CBCISS, como suplemento especial de sua revista *Debates Sociais*, de ampla divulgação no país.

Um terceiro documento, denominado *Funções do Serviço Social*, foi publicado em dezembro de 1971, propondo-se a dar continuidade aos estudos sobre a metodologia do Serviço Social. Diferentemente dos anteriores, este não decorreu de um encontro especialmente realizado para sua elaboração. O próprio CBCISS, considerando que as conclusões extraídas nos sete encontros regionais mereciam um aprofundamento em termos de reflexão e considerando, ainda, a representatividade das mesmas, uma vez que expressavam opiniões de assistentes sociais de todo o Brasil — conforme se pode constatar no quadro I —, houve por bem assumir a continuidade dos trabalhos. Segundo suas palavras, a iniciativa era movida pela esperança de que "este trabalho suscitasse outros que viessem a propiciar o aperfeiçoamento profissional, cuja grande finalidade é, sem dúvida, melhor servir" (1971, p. 3).

QUADRO 1

Origem dos participantes nos sete encontros regionais

Estados	**Participantes**	**%**
Acre	1	0,10
Amazonas	24	2,51
Alagoas	17	1,77
Bahia	104	10,86
Ceará	10	1,04
Distrito Federal	112	11,69
Espírito Santo	23	2,40
Goiás	19	1,98
Guanabara	15	1,58
Maranhão	15	1,58
Minas Gerais	27	2,82
Mato Grosso	3	0,30
Pará	94	9,81
Paraíba	26	2,71
Paraná	14	1,46
Pernambuco	22	2,30
Piauí	9	0,92
Rio Grande do Norte	95	9,92
Rio Grande do Sul	27	2,82
Rio de Janeiro	40	4,18
Santa Catarina	36	3,76
São Paulo	212	22,13
Sergipe	13	1,36
Total	958	100,00

Fonte: Centro Brasileiro de Cooperação e Intercâmbio de Serviços Sociais (CBCISS). *Funções do Serviço Social*, 1971, p. 185.

O tema funções do Serviço Social constituiu-se polo privilegiado de análise durante toda a década de 1970. Neste momento havia uma grande preocupação em definir os espaços ocupacionais da profissão e o seu "papel no processo de mudança" (*op. cit.*, p. 3). Na verdade, o que estava em jogo realmente era a questão de sua "identidade específica e distintiva" (Govenlock, 1966, p. 9), para usar uma expressão muito própria da época, aliada à convicção de que a clarificação das funções do Serviço Social levaria à superação dos dilemas profissionais.

Os documentos produzidos pelo CBCISS, seja nos seminários de teorização, seja por seus próprios esforços, foram bastante difundidos. Tiveram grande repercussão na categoria profissional, constituindo importante material de apoio para os docentes na realização de seus cursos. A leitura atenta de seu conteúdo revela que, subjacente às reflexões ali contidas, de forma tácita ou explícita, encontrava-se a pergunta pela identidade. Natureza, objeto, funções foram as diferentes formas através das quais a identidade da profissão foi buscada, concebida, ainda sob a forte influência do pensamento positivista, como a marca da singularidade, o traço distintivo que lhe atribuía a possibilidade de ser uma entidade única e peculiar. A pergunta sobre a identidade, nesta perspectiva, era a pergunta sobre a especificidade da prática profissional dos assistentes sociais.

Os estudos que conseguiram superar essa limitação, sobretudo aqueles patrocinados pelo Celats e por algumas das universidades mais engajadas com o movimento de reconceituação, avançaram nos caminhos de reflexão dialética, visualizando o Serviço Social não como uma entidade única e peculiar mas como instituição componente da organização da sociedade. Neste sentido, sua identidade só podia ser buscada na trama de relações e processos que constituem a totalidade social; perguntar pela identidade significava, na verdade, perguntar por sua participação nessa trama, por seu papel no processo de reprodução das relações sociais.

Uma outra via buscada para superar os dilemas e angústias que tanto pressionaram a categoria profissional durante a década de 1970 foi a fenomenologia, em especial em sua vertente heideggeriana. Essa influência da fenomenologia se fez presente tanto na prática profissional como na produção teórica nacional, atingindo até mesmo a estrutura de alguns cursos de Serviço Social da universidade brasileira. No contexto da fenomenologia heideggeriana, a preocupação com a identidade se deslocava para a busca do *dasein* do Serviço Social, ou seja, para a compreensão de seu "ser-aí". Perguntar pela identidade na perspectiva fenomenológica era perguntar pela posição do Serviço Social enquanto ser-no-mundo.

O exame da literatura sobre a categoria identidade e suas conexões com a consciência social remetia para uma conclusão muito importante, uma vez que evidenciava a relevância da mesma para a categoria profissional. Não era apenas em meu universo intelectual que ela ocupava um espaço destacado como objeto de reflexão. Era, isto sim, no universo da categoria como um todo, abrangendo a comunidade científica, a intelectualidade contemporânea. Outra conclusão fundamental, até mesmo no sentido de definir a trajetória da própria tese, referia-se à possibilidade de se trabalhar com a questão da identidade no marco da concepção dialética, dando-lhe materialidade e concretude, situando-a no plano das relações sociais mais amplas. Assim, a conclusão final, e crucial, que se podia extrair era a de que havia um caminho de busca já aberto na categoria profissional para esta temática. A contribuição da presente obra e sua originalidade não decorrem, então, da temática escolhida, mas da forma de abordá-la, através de aproximações histórico-interpretativas, e do referencial teórico utilizado, buscando-se, tanto quanto possível, colher em suas fontes originais as contribuições que permitissem uma aproximação segura ao tema. A utilização de citações impôs-se como um imperativo em face da riqueza do material consultado, além de se apoiar na oportuna lembrança de Lukács (1974, p. 9): "Toda citação é ao mesmo tempo uma interpretação".

A busca fundamental é, portanto, *pensar historicamente o Serviço Social e, mais especificamente, o Serviço Social brasileiro em suas conexões com o capitalismo*. A recorrência ao vasto painel da história, em especial da Inglaterra, onde se deu sua gênese, instituiu-se como uma condição necessária para compreender tanto o Serviço Social quanto o capitalismo e as relações entre ambos.

Nem relato de experiência nem análise de uma situação de prática específica, esta obra pretende ser pura e simplesmente *uma reflexão ontológica, ancorada em condicionalidades materiais e circunstâncias históricas.*

Re-criando a própria história do Serviço Social, de forma a lhe acompanhar a trajetória, o que se pretende é desvendar a odisseia por ele percorrida e, nela, compreender as formas históricas de manifestação da identidade, através de suas conexões com a consciência e com a prática social dos agentes. Tal objetivo parte da convicção de que essa compreensão é básica para determinar as vias de ruptura com o processo de alienação que envolve a prática profissional e nutre-se da esperança de que, rompendo com as principais amarras da alienação, o Serviço Social terá condições de produzir novas alternativas de prática, capazes de se articular às forças sociais que lutam por um novo tempo e uma nova sociedade.

I

Serviço Social: A ilusão de servir

A consciência, portanto, é desde o início um produto social e continuará sendo, enquanto existirem homens.

Marx e *Engels*

Capitalismo industrial e polarização social

Todas as palavras são portadoras de ideias, são plenas de significados. Esses, porém, alojados em seu interior, não se manifestam de pronto nem se revelam de modo imediato. É preciso procurá-los na dinâmica do processo histórico, descobri-los nas tramas constitutivas do real. Quanto ao capitalismo, termo de uso tão constante e de forma tão heterogênea, tal procura se torna indispensável, pois a própria diversidade de acepções a ele atribuída é reveladora de que não há acordo sobre o seu significado. Na historiografia socioeconômica, há pelo menos três grandes vertentes que devem ser examinadas, segundo

Dobb,[1] quando se pretende obter uma compreensão efetiva do capitalismo como categoria histórica.

A primeira é a proposta pelo economista alemão Werner Sombart (1863-1941), que partindo de uma concepção idealista considera que o capitalismo, como forma econômica, é criação do "espírito capitalista", o qual por sua vez constitui uma síntese de espírito empreendedor e racional. Assim, a gênese do capitalismo e seu aparecimento no cenário histórico devem ser tributados ao desenvolvimento de estados de espírito que, inspirando a vida de toda uma época, produziram formas e relações econômicas que caracterizam o sistema capitalista. A "ideia fundamental" de Sombart, conforme ele mesmo a definiu e descreveu em sua obra *Der Moderne Kapitalismus* (1928), era que "em épocas diferentes têm reinado sempre atitudes econômicas diferentes, e que é esse espírito que tem criado a forma que lhe corresponde e com isso uma organização econômica" (*op. cit.*, p. 6). A pergunta precedente, sobre a gênese do próprio espírito capitalista, não obteve, porém, uma resposta concludente, abrindo um debate de certa forma estéril, uma vez que apoiado na tese, sem sustentação histórica, de que o protestantismo havia produzido o espírito capitalista. Não obstante defendida por Max Weber e seus seguidores, tal tese não reunia evidências históricas que a ratificassem; ao contrário, era por elas demolida. Tanto os registros históricos disponíveis como as opiniões dos historiadores a respeito permitiam que se concluísse que o capitalismo, como uso aquisitivo do dinheiro — portanto não como sistema histórico especial —, antecedia em muito a Reforma,[2] berço do protestantismo.

A segunda vertente descende historicamente da Escola Histórica Alemã, também chamada Escola Clássica Alemã, e acentua o caráter de sistema comercial do capitalismo, situando-o como uma forma de organização da produção que se move entre o mercado e o lucro.

---

1. Dobb (1983, p. 5) assim se refere a essa questão: "Por terem exercido forte influência sobre a pesquisa e a interpretação histórica, três significados separados atribuídos à noção de capitalismo surgem com destaque".

2. Pirenne (1914, p. 163) declara que "as fontes medievais situam a existência do capitalismo no século XII fora de qualquer dúvida" (cf. Dobb, 1983, p. 7).

Nesse sentido, a ênfase recai mais sobre o uso da moeda e a área do mercado, visualizando-se aí o capitalismo, fundamentalmente em sua dimensão de categoria econômica. Na verdade, essa não se separa da dimensão histórica, mas, nessa vertente, que se detém primordialmente no caráter comercial do sistema capitalista, em sua condição de produção para o mercado, a história acaba por ficar relegada a um plano secundário e distante. Corre-se o risco, em consequência, de se caminhar para uma abordagem tautológica e reducionista, em que a origem do capitalismo está no próprio capitalismo, e seus estágios de crescimento econômico se relacionam tão somente com as ampliações do mercado ou do volume de investimentos. Karl Bücher e Gustav von Schmoller, partidários da Escola Histórica, deixam claro, em suas principais obras, respectivamente *Industrial evolution* (1893) e *Principes d'économie politique* (1890), que "o capitalismo é um sistema de atividade econômica dominado por um certo tipo de motivo, o motivo lucro" (*op. cit.*, p. 7). Segundo Bücher, o critério essencial para identificar o capitalismo é a "relação existente entre produção e consumo de bens ou, para ser mais exato, a extensão da rota percorrida pelos bens, ao passarem do produtor ao consumidor" (*op. cit.*, p. 6-7). Assim sendo, é pequena a contribuição oferecida por essa linhagem à busca de compreensão do capitalismo como categoria de interpretação histórica, como chave heurística para desvendar a estrutura social e as distintas instituições econômicas que lhe correspondem.

A terceira vertente, fundada sob o pensamento de Karl Marx, amplia de modo considerável a questão, pois parte de novos pressupostos. A essência do capitalismo deixa de ser buscada na natureza das transações monetárias ou em seus fins lucrativos, o capital não é mais encarado como uma coisa e a modalidade de propriedade dos meios de produção ganha novo sentido. A partir dos significados que lhe são atribuídos, inicialmente por Marx,[3] e que configuram os fundamentos dessa terceira vertente, o capital é uma relação social e o capitalismo um determi-

3. Para efeito de precisão, é importante que se esclareça que a origem do termo capitalismo não se deve a Marx. Segundo o *Dicionário Oxford*, seu surgimento data de 1854, quando foi empregado em um texto do romancista inglês William M. Trackeray (cf. Bottomore, 1988, p. 51).

nado modo de produção, marcado não apenas pela troca monetária, mas essencialmente pela dominação do processo de produção pelo capital. O conceito de modo de produção, conforme utilizado por Marx, abrangia tanto a natureza técnica da produção — por ele chamada de estágio de desenvolvimento das forças produtivas — como a maneira pela qual se definia a propriedade dos meios de produção e as relações sociais entre as pessoas, decorrentes de suas implicações com o processo de produção. O modo de produção capitalista definia, assim, uma forma específica e peculiar de relações sociais entre os homens, e entre esses e as forças produtivas, relações mediatizadas pela posse privada dos meios de produção. Definia também, como consequência, uma nova estrutura social, pois a concentração da propriedade dos meios de produção nas mãos de uma classe que representava apenas uma minoria da sociedade determinava o aparecimento de uma outra classe, constituída por aqueles que nada tinham, a não ser a sua própria força de trabalho. Nesse contexto, e aqui se acentua a ênfase dessa terceira vertente, a sua marca peculiar, o capitalismo como modo de produção passa a se assentar em relações sociais de produção capitalista, marcadas fundamentalmente pela compra e venda da força de trabalho, tornada mercadoria como qualquer outra, pois essa é a base desse sistema que traz como exigências implícitas a existência de meios de produção sob a forma de mercadoria e o trabalho livre assalariado. Os significados atribuídos ao capitalismo por esta vertente, que faz das formulações de Marx os seus fundamentos, deixam claro que compreender o capitalismo como categoria histórica implica visualizá-lo não apenas como um período histórico ou uma ordem econômica distinta. É preciso considerá-lo em sua condição de categoria histórica, social e econômica, como um modo de produção associado a um sistema de ideias e a uma fase histórica. O elemento crucial de tal concepção não é, pois, o caráter comercial do capitalismo, ou o espírito capitalista empreendedor e aventureiro ao mesmo tempo que racional e disciplinado, como o queria Sombart; é na verdade o modo de produção capitalista e as relações sociais que lhe são próprias, determinando a ruptura entre o capital e o trabalho e entre os homens, como membros de classes sociais, que passam a se diferenciar a partir da posse privada dos meios de produção.

Essa é a concepção predominantemente aceita e em uso na moderna historiografia socioeconômica e é também aquela que oferece um maior rigor explicativo, inclusive no plano histórico, para essa complexa categoria que é o capitalismo. Assim sendo, constituirá o *patamar destas reflexões, cujo fim último é descobrir os nexos de articulação entre o capitalismo e o Serviço Social.*

Desvendar a trajetória histórica do capitalismo à luz dessa concepção, para localizar o momento e as condições do surgimento do capitalismo industrial, em cuja esteira se gestou o Serviço Social, implica incursionar pelo tempo e penetrar na estrutura da sociedade, de forma a identificar o estágio das forças produtivas e a organização social correspondente, especialmente no sistema de classes. A história do capitalismo é a história das classes sociais; estas constituem o elemento fundamental para se compreender tanto o capitalismo em si mesmo considerado quanto a marcha histórica da humanidade, profundamente relacionada com seus conflitos, antagonismos e lutas, estas últimas em especial, verdadeiras forças motrizes daquela marcha. A importância dessa lei da marcha da história, sistematizada por Marx,[4] é tão crucial que Engels considerou que ela "tem para a história a mesma importância que a lei da transformação da energia tem para as ciências naturais" (1987, p. 12 e 13).

Assim, para se atingir o *objetivo buscado — compreensão do capitalismo como categoria histórica e suas conexões com o Serviço Social* —, torna-se indispensável recuar no tempo e inquirir a história, com ela dialogar. Tal diálogo hoje pode ser feito a partir das sociedades antigas e medievais, sobre as quais os avanços da pesquisa histórica lançaram importantes luzes e colheram significativas evidências sobre sua organização social e econômica. Essas evidências permitem que os historiadores afirmem, com certa precisão, que já nessa época se realizavam transações mone-

4. Segundo a lei da marcha da história, "todas as lutas históricas que se desenvolvem quer no domínio político, religioso, filosófico, quer em outro qualquer campo ideológico são, na realidade, apenas a expressão mais ou menos clara de lutas entre classes sociais, e que a existência e, portanto, também os conflitos entre essas classes são, por sua vez, condicionados pelo grau de desenvolvimento de sua situação econômica, pelo seu modo de produção e de troca, que é determinado pelo precedente" (cf. Marx, 1987, p. 12).

tárias que visavam o lucro e que portanto, em um sentido muito elástico do termo, podem ser consideradas transações de natureza capitalista. Dessa forma, elas estariam presentes em praticamente todas as épocas históricas, tornando muito complexa a tarefa de precisar o momento de surgimento do capitalismo ou mesmo sua periodização histórica. Isso talvez constitua um fator explicativo para a heterogeneidade de posicionamentos encontrados em relação à gênese e aos principais estágios de desenvolvimento do capitalismo. Sua própria complexidade intrínseca, como categoria histórica, social e econômica, impede que se construa uma história genética linear, antes remetendo para a busca de conexões históricas que possam consistir em fatores explicativos do capitalismo na perspectiva em que estamos buscando: um modo de produção associado a um sistema de ideias e a uma fase histórica.

Nesse contexto, em que o modo de produção e as relações sociais dele decorrentes tornam-se os indicativos do itinerário de busca, temos de considerar como início do período capitalista aquele em que se expressam de forma estável as características que marcam esse sistema. Dentre essas, é fundamental localizar aquela que represente o elemento definidor do capitalismo, seu traço distintivo essencial: a posse privada dos meios de produção por uma classe e a exploração da força de trabalho daqueles que não os detêm. Essa separação entre meios de produção e produtor e a consequente subordinação direta desse ao dono do capital permitem que se instaure o ciclo de vida do capital, o seu processo de acumulação primitiva.

Nas sociedades medievais, com sua economia natural, as relações de troca eram simples, e tal subordinação não ocorria de forma contratual, e muito menos compulsiva. Os séculos XIV e XV vão encontrar, porém, o feudalismo[5] imerso em graves crises, de um lado decorrentes da intensa difusão das transações monetárias em seu interior e de outro da desintegração da estrutura feudal em função do amadurecimento de

5. Coerentemente com a concepção de capitalismo que estamos adotando, consideramos o feudalismo um modo de produção característico da época medieval, que une estreitamente autoridade e propriedade de terra e que se realiza mediante a condição de vassalagem e prestação de serviços e rendas.

suas próprias contradições internas. Com o desenvolvimento do capitalismo mercantil, sobretudo a partir da primeira metade do século XV, as relações de produção no campo são invadidas pela variável comercial, as trocas se tornam cada vez mais complexas, pois passam a ter como objetivo a acumulação da riqueza e o lucro. A separação entre os camponeses e a terra, entre o produtor e os meios de produção, vai infiltrando-se sorrateiramente, fazendo-se acompanhar de seu habitual corolário, a divisão social do trabalho. Iniciando-se com uma primeira ruptura entre fiação e tecelagem, torna-se a cada momento mais complexa, determinando novas e crescentes divisões. Aquela economia natural da sociedade medieval entra em compasso de descaracterização progressiva, sendo aceleradamente substituída por novas formas de troca, que acentuam a separação entre o proprietário e o produtor. O próspero dono da terra, da propriedade agrícola, vai metamorfosear-se em comerciante ou mercador, passando, em seguida, de comerciante a atacadista, fazendo do comércio exterior e do monopólio a base essencial de sua riqueza. Fixando-se dentro das muralhas das nascentes e vigorosas cidades, os burgos[6] da época medieval, aos quais tinham livre acesso desde que possuíssem lote ou propriedade em seu interior, os burgueses passam a controlar o mercado urbano, através de seus monopólios. Os centros de poder se deslocam dos feudos para os burgos. Quanto mais acumulam riqueza, maior é o seu poder político, o que permite aos burgueses manter um controle exclusivo sobre o governo urbano, já no século XV. A política econômica de controle de mercado é altamente favorecedora dos monopólios, e assim os burgueses se tornam uma classe cada vez mais próspera. Unindo suas companhias atacadistas por especialidades ou por ramos de comércio, fortalecem ainda mais o seu poder, acabando por submeter totalmente os pequenos produtores e artesãos ao seu controle político e econômico. Os séculos XIV e XV são marcados por essa ascendente e poderosa oligarquia burguesa, que concentrava nas mãos tanto o poder político quanto o econômico. Este

6. Burgo: "na Idade Média, castelo, ou casa nobre, ou mosteiro e suas cercanias, rodeados por muralhas de defesa, muitos dos quais vieram a se transformar em cidade. Do latim, *burgus*, castelo, fortaleza, deriv. do germ. *burgs*, cidade pequena, forte" (cf. Cunha, 1982, p. 128).

será o panorama de toda a Europa, desde o século XIV até o XVI. França, Inglaterra, Itália, Alemanha, Holanda constituem exemplos típicos de tal situação, em que a massa dos artesãos é crescentemente dominada pelo capital mercantil. O trabalho assalariado e a subordinação do trabalhador ao capital mercantil tornam-se usuais e frequentes.

O intenso desenvolvimento do capitalismo, em sua fase mercantil, se fez acompanhar da criação de uma força de trabalho assalariada e destituída de meios de produção. A trajetória do trabalhador se deu em rota oposta à da burguesia, pois, à medida que ela foi determinando seu alijamento dos meios de produção, a começar da terra, passando em seguida por suas atividades artesanais, o trabalhador foi sendo compelido a se submeter ao trabalho assalariado, indispensável para prover sua subsistência familiar. De camponês a "tecelão agrícola",[7] daí para tecelão e em seguida para trabalhador assalariado, essa classe empobrecida de camponeses, pequenos produtores e artesãos assalariados não teve como escapar das malhas da oligarquia burguesa, despontando já na segunda metade do século XVI como trabalhadores assalariados, portanto como proletários, no sentido etimológico do termo.[8] O ciclo de vida do capital, cujo início vínhamos buscando, pode ser localizado, portanto, em termos de Europa Ocidental, e em especial na Inglaterra, na segunda metade do século XVI.[9] A essa altura, o modo de produção legado da sociedade feudal já havia se subordinado plenamente ao capital, produzindo uma nova estrutura social e um novo contexto político, parametrados pelas concepções e pelos objetivos da burguesia.

O processo de acumulação primitiva do capital havia cumprido um ciclo bastante significativo, do qual resultara a existência de uma força de trabalho assalariada e livre. O emprego de trabalho assalaria-

7. "Tecelão agrícola" é expressão utilizada por Engels (1985, p. 14) para se referir a um momento de transição em que o trabalhador, morando ainda no campo, "se dedica ao trabalho em seu tear, como forma de obter salário".

8. Proletário: "Homem que trabalha em troca de seu salário, que vive dele" (cf. Cunha, 1982, p. 638).

9. Marx (1984, p. 165) situa "a era capitalista a partir do século XVI", destacando, porém, que, "esporadicamente, os primórdios da produção capitalista" já podiam ser encontrados no "século XIV ou XV, em certas cidades do Mediterrâneo".

do significava para a burguesia uma forma de obter lucro, de acumular capital. A produção subordinava-se cada vez mais ao capital e a influência do capital mercantil tornava-se relevante, ligando-se progressivamente ao modo de produção. Nessa fase há uma crescente necessidade de mão de obra, pois tanto no campo quanto na cidade importantes modificações estavam processando-se. Na agricultura, onde o lucro já não provinha mais da terra mas de seu uso comercial, os grandes proprietários estavam autorizados pela legislação promulgada pelo Parlamento inglês e pela Casa Real, conduzida nesse momento pela dinastia Tudor (1485-1603), a cercar suas propriedades e impedir a entrada dos camponeses que outrora tiravam seu sustento da terra. Na cidade, começavam a surgir as fábricas — fruto das novas invenções e do avanço da técnica — com sua crescente demanda de trabalhadores.

Expulsos da terra, os camponeses acabavam por se subordinar às exigências dos donos do capital, que protegidos pela legislação Tudor podiam recrutar mão de obra sob compulsão e denunciar às autoridades aqueles que recusassem o trabalho em virtude das suas condições ou da exiguidade do salário legal.

Com a mesma ênfase com que protegia a burguesia, tal legislação oprimia os trabalhadores. A Lei do Assentamento, de 1563, impedia-os de se mudar de aldeia sem permissão do senhor local, e a Lei dos Pobres, de 1597, declarava indigentes e retirava o direito de cidadania econômica daqueles que fossem atendidos pelo sistema de assistência pública. Assim, recrutando coercitivamente o trabalhador, a burguesia cuidava de manter sob controle a força de trabalho de que necessitava para expandir seu capital. Ao trabalhador, poucas alternativas restavam senão ingressar no mercado através do trabalho assalariado.

A diferenciação e os antagonismos entre as classes se acentuavam e o desenvolvimento do capitalismo, em sua fase mercantil, introduzia significativas alterações na estrutura, relações e processos sociais.

No desenrolar dessa longa trajetória que se deu na Europa, iniciando-se pela Inglaterra na segunda metade do século XVI e intensificando-se durante o século seguinte, é que se consumou o assim chamado por Marx "caminho realmente revolucionário", através do qual o "produtor" se transforma em "comerciante e em capitalista" (Bottomore, 1988, p. 387). Assim sendo, evidentemente não se pode falar de um momento preciso de surgimento do capitalismo, mas de um conjunto de circunstâncias, de condicionalidades materiais, criando os fluxos históricos que permitem o seu surgimento.

No período que vai do século XVII ao XIX, quando se desenvolve o capitalismo concorrencial, em sua fase mercantil e industrial, a articulação de tais circunstâncias e fluxos cria condições muito favoráveis ao crescimento de uma sociedade capitalista. O século XVII, além de ter abrigado algumas unidades fabris de produção, testemunhou a criação de importantes invenções, que por certo prenunciavam um futuro já próximo. Foi também em seu cenário histórico que ocorreu a Revolução Inglesa, no período compreendido entre 1640 e 1660, abrindo caminhos para uma nova política econômica e social, liberando a indústria das concessões de monopólios feitas pelos reis e criando os espaços necessários para a livre expansão do capitalismo. O século XVIII, por sua vez marcado por transições revolucionárias, por momentos de intensa aceleração dos antagonismos, constituiu uma época de especial importância para a história da humanidade. Louis de Saint Just, membro da corte de Luís XVI, partidário e defensor das ideias de Robespierre, com quem foi executado em julho de 1794, assim se referiu a tal período: "o século XVIII deveria ser colocado no Panteon" (Hobsbawm, 1982, p. 23). Palco histórico da Revolução Francesa, tal século é merecedor da consideração que sobre ele fez Saint Just, pois dessa Revolução resultaram transformações de alto significado político, social e econômico não só no plano nacional mas também mundial. Não obstante tenha sido, assim como a Revolução Inglesa, uma revolução burguesa, que no dizer de Marx (1987, p. 19) são "revoluções que têm vida curta",[10] suas conexões com o capitalismo são de uma importância crucial. É a Revolução Francesa que realiza no plano político o trânsito

10. "As revoluções burguesas, como as do século XVIII, avançam rapidamente de êxito em êxito; seus efeitos dramáticos excedem uns aos outros; os homens e as coisas destacam-se como gemas fulgurantes; o êxtase é o espírito de cada dia; mas estas revoluções têm vida curta; logo atingem o seu apogeu, e uma longa modorra se apodera da sociedade antes que esta tenha aprendido a apropriar-se serenamente dos resultados de seus períodos de ímpeto e tempestade."

para o capitalismo. O impacto por ela produzido, na busca de seu objetivo de derrubar o Antigo Regime e instalar a sociedade burguesa, levou à demolição da máquina estatal e fez ruir a estrutura social do feudalismo. Na história universal, a expressão do reconhecimento da magnitude de tal Revolução para a vida de toda a sociedade foi sua adoção como marco de referência da era contemporânea. Para os trabalhadores, que viviam sob o domínio do capital, sob o jugo dos capitalistas, os impactos trazidos pela Revolução Francesa foram muito grandes. A ampla divulgação da Declaração dos Direitos do Homem e do Cidadão, aprovada em Paris na histórica Assembleia Nacional de 26/8/1789, estabelecendo os princípios sobre os quais deveria se assentar a nova sociedade, despertou muitos ideais de luta, porém os trabalhadores constituíam um grupo bastante heterogêneo e ainda sem consciência de classe, nessa fase. Arraigados aos antigos hábitos de trabalho, mantinham-se presos a uma atitude individualista no desenvolvimento de suas funções, não conseguindo construir a sua identidade de classe, durante o século XVIII. Como categoria histórica que é, a identidade se constrói no movimento da história, ao longo da caminhada da própria classe, que ao produzir a sua existência, a sua vida material, produz a história humana.[11] Esta é, portanto, uma história viva, candente, multidimensional, plena de movimento, pulsando com a própria vida. Seu ritmo relaciona-se diretamente com o amadurecimento das contradições internas dos diferentes períodos históricos da vida da sociedade, o que lhe imprime um movimento contraditório e complexo, que se expressa tanto por momentos de lentidão como por outros de intensa atividade, capazes de determinar uma repentina mudança na direção do fluxo histórico, de promover a transição de uma época histórica e sua estrutura social para outra. Assim foi com a Revolução Francesa, no plano político e social, e com a Revolução Industrial, no plano da relação capital-trabalho. Engels (1985, p. 25), a quem se atribui a origem da expressão Revolução Industrial, considerou que ela teve

11. "Mas, a partir do momento em que representarmos *os homens como atores e autores de sua própria história*, teremos chegado, através de um desvio, ao verdadeiro ponto de partida, uma vez que teremos abandonado os princípios eternos dos quais falávamos a princípio." (Marx, 1969, p. 169, grifo nosso.)

para a Inglaterra a "mesma importância que a revolução política teve para a França e a filosófica para a Alemanha".[12] No conjunto das transformações que vinham produzindo-se na sociedade em termos de estrutura social, organização econômica e modos de produção, a Revolução Industrial, conforme hoje aceito pelos historiadores e demais estudiosos da sociedade, constituiu uma transformação essencial, uma vez que transformou o próprio modo de produção. Com ela, consumou-se a ruptura que estava instaurando-se no processo de trabalho desde a dinastia Tudor, quando o camponês foi separado da terra, alijado dos meios de produção. Agora, ao final do século XVIII, ele se via substituído pela máquina, que já não dependia de sua energia para se mover, separado de sua força de trabalho, pois somente ela, tornada mercadoria, interessava aos donos do capital. Assim, a Revolução Industrial, que se iniciou na Inglaterra no final do século XVIII e que ao longo da primeira metade do século XIX se irradiou por toda a Europa Ocidental e através dos fluxos migratórios atingiu também os Estados Unidos, não significa apenas o momento das grandes invenções que vieram a revolucionar as técnicas e o processo de produção. Significa o momento crucial de surgimento e ascensão do capitalismo industrial. A máquina a vapor, criada por James Watt, e o tear mecânico, criado por Richard Arkwright, segundo Engels, foram "as invenções mais importantes do século XVIII" (Engels, 1985, p. 16). A introdução das máquinas automáticas e o surgimento das grandes unidades fabris foram resultados materiais da Revolução Industrial, cujos efeitos ultrapassaram os limites da fábrica e atingiram a sociedade como um todo. Neste sentido, não constitui exagero afirmar que a Revolução Industrial, qual um cavalo de Troia, abrigava em seu interior uma revolução econômica e uma revolução social que mudaram a face do século XIX.

O novo modo de produção exigia a concentração dos trabalhadores em um espaço específico: a fábrica, a indústria, *locus* da concentração da produção, tendo em vista a expansão do capital. A máquina a vapor e o tear mecânico tornaram-se os verdadeiros deuses dos capi-

---

12. No que se refere à expressão *revolução industrial*, deve-se ressaltar que alguns autores creditam a Engels a origem do termo, e outros apenas a atribuição do significado com que é utilizada a partir de 1845, com base em sua obra especificada. Ver, nesse sentido, Dobb, 1983, p. 185.

talistas, e a fábrica, o seu templo. Aos seus novos deuses não hesitavam em louvar continuamente, brindando-os com renovadas oferendas, mantendo-os alimentados da energia vital que roubavam dos trabalhadores, homens, mulheres, jovens, adultos e até mesmo crianças, expropriando-os de sua força de trabalho. O seu templo — a moderna indústria — permanecia sempre cheio, porém não de adoradores mas de operários, cuja vida era cotidianamente sacrificada em nome da acumulação do capital e da produção da mais-valia.

Há nesse momento uma demanda contínua de mão de obra para atender ao ritmo da produção fabril e, assim, a concentração da produção leva a uma concentração da população operária, que, passando a viver nos arredores da fábrica, vai incrementar o surgimento das cidades industriais, como condição necessária do capital.

Trabalhando juntos na fábrica em um processo de intensa divisão social do trabalho, sob rigoroso mando do dono do capital, vivendo nas mesmas localidades e sofrendo as mesmas agruras da vida operária, os trabalhadores começam a superar a heterogeneidade e aos poucos vão definindo e assumindo estratégias que configuram a sua forma de protesto, a sua recusa a serem destruídos pela máquina, devorados pelo capitalismo.

O próprio movimento do capital desencadeia o movimento do proletariado, de forma tal que ao grande surto de desenvolvimento trazido pela Revolução Industrial, sobretudo em seu período áureo, de 1850 a 1875, período das grandes indústrias siderúrgicas, da chamada era ferroviária, correspondeu uma mudança qualitativa de fundamental importância para a história da sociedade. Os operários individuais, por força de seus movimentos e lutas e de forma contraditória e complexa, haviam se transformado em um proletariado fabril de caráter mais homogêneo, caminhando já coletivamente para a construção de sua identidade de classe.[13] As inúmeras transformações

---

13. O termo *classe* está sendo empregado na perspectiva utilizada por Dobb (1983, p. 13), que toma por referência, para caracterizar classe, "algo inteiramente fundamental, concernente às raízes que um grupo social possui em determinada sociedade, ou seja, a relação que o grupo como um todo mantém com o processo de produção e, portanto, com os outros setores da sociedade".

trazidas pela Revolução Industrial haviam acentuado profundamente a polarização social: a sociedade de classes no último quartel do século XIX era uma realidade inegável, a moderna sociedade burguesa fez com que a ruptura e a cisão atingissem o seu ponto terminal.

> A moderna sociedade burguesa, que despontou das ruínas da sociedade feudal, não aboliu as contradições de classe. Unicamente substituiu as velhas classes, as velhas condições de opressão, as velhas formas de luta por outras novas. Nossa época, a época da burguesia, se distingue, contudo, por haver simplificado as contradições de classe. Toda a sociedade vai se dividindo, cada vez mais, em dois grandes campos inimigos, em duas grandes classes, que se enfrentam diretamente: a burguesia e o proletariado. (Marx e Engels, 1981, p. 31.)

O modo de produção capitalista e o ideário que lhe dá sustentação haviam penetrado fundo na estrutura da sociedade, representando para a burguesia não uma fase da história mas sim o seu momento final, o momento da completude histórica. Para o proletariado, a ascensão do capitalismo significava a exploração de suas próprias vidas, o dilaceramento de sua história. A expressão material e concreta de tais antagonismos será a luta de classes, instituindo-se como um verdadeiro signo das relações entre burguesia e proletariado.

Ascensão do capitalismo e manifestações operárias

Durante quase todo o século XVIII foi marcante o domínio do capital sobre o trabalho. Os trabalhadores não estavam organizados enquanto classe, configurando ainda uma força de trabalho bastante heterogênea, cujos interesses comuns não superavam o horizonte do ofício ou da função.

No terço final do século XVIII, e mesmo nas décadas iniciais do século XIX, quando o processo de produção já havia sofrido um significativo incremento como resultado das grandes invenções que surgiam na Inglaterra desde a época final da dinastia Tudor, a indústria doméstica e a manufatura simples continuavam lutando para não serem absorvidas pelas novas formas de produção industrial. Tratava-se, porém, de uma luta inglória e desigual, pois os impactos produzidos pela Revolução Industrial eram macroscópicos, atingindo a sociedade como um todo, além de serem autopropulsivos. A um invento se sucedia outro, aos quais correspondia uma inovação tecnológica que repercutia no processo de produção, que por sua vez demandava uma nova forma de organização do trabalho.

Desde o advento da máquina a vapor e do tear mecânico, verdadeiros símbolos da Revolução Industrial, a sociedade não podia mais ser pensada senão a partir do princípio do movimento. Nada era estável, tudo se revolucionava a cada momento. O próprio conhecimento, como produto sócio-histórico que é, estava avançando e impulsionava a criação de novos inventos, o surgimento de novas técnicas, compatíveis com o estágio de desenvolvimento da sociedade, com o amadurecimento de suas forças produtivas. Assim, o período que vai de 1775 a 1875 aproximadamente, ao longo do qual se desenvolveu esse conjunto de transformações que se convencionou chamar de Revolução Industrial, sem dúvida representa um momento crucial da história da humanidade. Pode não haver, como é sabido, consenso histórico sobre sua periodização, mas incontestavelmente há um reconhecimento universal dos seus efeitos sobre a estrutura da sociedade. Engels (1985, p. 11), no vigor de seus vinte e quatro anos de idade, com entusiasmo juvenil declarava que a "Revolução Industrial transformou a sociedade burguesa no seu conjunto". Tal entusiasmo, porém, se nutria da seiva da realidade, pois algo de muito importante havia se consumado com a Revolução Industrial: a fase mercantil do capitalismo havia sido superada. A Revolução inaugurava e consolidava, através de seu intento, embora intermitente fluxo revolucionário, uma nova fase do capitalismo — o capitalismo industrial — que na verdade já se insinuava desde o terço final do século XVIII. A fase do capital industrial, que teve início com o aparecimento das máquinas movidas por energia não humana e não animal, demandava uma rápida recomposição do cenário social, pois sua continuidade histórica dependia da consolidação do modo capitalista de produção, fundado essencialmente na compra e venda da força de trabalho. Era preciso, portanto, promover uma rápida transição da mão de obra para um sistema assalariado. O capital, como relação social de produção, tem como característica a sua condição de expandir valor. Constituindo fundamentalmente valor em movimento, tem um ciclo de vida que se desenrola de modo contínuo e repetido, através de operações de troca, produção e realização. O desenrolar desse ritualístico circuito, através do qual o capital cumpre sua vocação de expandir valor, pressupõe como requisito indispensável em sua fase industrial a constituição de uma força de trabalho assalariada e livre. Assim, para que tal circuito se complete, as relações de produção são fundamentais, pois é em seu interior que o possuidor do dinheiro se transforma em capitalista e, personificando o capital, consuma a mercantilização do trabalhador mediante a compra de sua força de trabalho e sua sujeição ao domínio do capital. Produzindo capital, através do produto de seu trabalho, o trabalhador permite que o possuidor do dinheiro concentre cada vez mais capital em suas próprias mãos, excluindo de sua posse ele próprio, o produtor da mercadoria, assim como o restante da população. De uma forma profundamente antagônica e contraditória, o capitalista e o trabalhador, como personificações de categorias econômicas, se produzem, portanto, em uma mesma situação,[14] que expressa e reproduz um traço distintivo do capitalismo em sua fase industrial: a mercantilização universal das relações, pessoas e coisas, acentuando gravemente a fratura que separa as classes sociais.

A marca da cisão, da ruptura, da fragmentação própria do sistema capitalista vai presentificando-se de forma cada vez mais nítida, à

---

14. O excerto que segue permite que se apreenda a relevância do significado dessa questão: "Sendo o processo de produção, ao mesmo tempo, de consumo da força de trabalho pelo capitalista, o produto do trabalhador transforma-se continuamente não só em mercadoria, mas em capital, em valor que suga a força criadora de valor, em meios de subsistência que compram pessoas, em meios de produção que utilizam produtores. O próprio trabalhador produz, por isso, constantemente riqueza objetiva, mas sob a forma de capital, uma força que lhe é estranha, o domina e explora; e o capitalista produz constantemente a força de trabalho, mas sob a forma de uma fonte subjetiva de valor, separada dos objetos sem os quais não se pode realizar, abstrata, existente apenas na individualidade do trabalhador; em suma, o capitalista produz o trabalhador sob a forma de trabalhador assalariado. Essa condição constante, essa perpetuação do trabalhador, é a condição necessária da produção capitalista" (Marx, 1984, l. 1, v. 2, p. 654-65).

medida que avança o processo de consolidação do capitalismo. Realizando-se através de suas leis imanentes[15] e invioláveis, prescreve uma marcha inexorável, arrastando em sua esteira a pauperização da extensa camada da população. Há uma crescente concentração da propriedade e dos meios de produção nas mãos dos capitalistas. O processo de trabalho está subordinado ao domínio do capital. Viver na sociedade burguesa constituída significava viver sob o signo do capital, sob a impositiva condição da venda da força de trabalho.

As inovações tecnológicas trazidas pela Revolução Industrial, aliadas à expansão do mercado e ao incremento do processo de produção, ampliaram consideravelmente, nessa fase inicial do século XIX, a demanda de mão de obra. As mesmas circunstâncias determinavam, porém, a introdução de expressivas alterações no processo de produção. Impunham-lhe, desde o advento das máquinas, um caráter coletivo, diretamente subordinado à divisão social do trabalho,[16] uma das principais estratégias através das quais se concretizam as relações de alienação e antagonismo incrustadas no cerne do capitalismo. Assumindo formas cada vez mais complexas, levava o trabalhador ao isolamento na execução de funções cujos nexos com o processo global de produção nunca lhe eram esclarecidos. Submetido ao controle e ao mando do dono do capital, o trabalhador sofria dupla violência: além de separado de sua força de trabalho, era reduzido à condição de mero acessório da máquina. Seu contato fundamental não se dava mais com os outros seres humanos, mas com a máquina, a cujos desejos precisava subordinar a sua vontade e a cujo ritmo devia responder com sua ação. O tempo passa a ser a medida de todas as coisas, porém já não tem mais a duração concreta da atividade criativa; é um tempo espacializado,

---

15. Ao longo da obra clássica de sua juventude, Engels (1985) em várias passagens se refere às leis imanentes ao capitalismo: lei da concorrência, da centralização do capital, da crise periódica e da pauperização da massa.

16. A reflexão sobre a questão da divisão social do trabalho está presente em vários momentos da obra de Marx, que a situava como uma condição necessária do regime capitalista, como a expressão das relações de alienação e antagonismo que estão na base dele. No Livro I de *O capital* (v. 1, p. 102) há importantes apontamentos sobre a temática, em que Marx acentua a condição de alienação associada a esse processo social, definindo-o como "a totalidade das formas heterogêneas de trabalho útil, que diferem em ordem, espécie e variedade".

do qual se deve tirar todo proveito em termos de produção. O homem transforma-se, assim, em um escravo do tempo, submetido a leis abstratas e dominado pelo mundo das coisas.[17]

Ao final do século XVIII, e predominantemente na primeira metade do século XIX, com a Revolução Industrial na Europa, em especial na Inglaterra, já em fase de plena execução e maturidade, o mercado de trabalho encontrava-se também em um momento de expansão, demandando um grande número de braços operários. A base da pirâmide demográfica da classe operária havia se ampliado consideravelmente ao longo do século XVIII, não só pelo crescimento natural da população mas também pela proletarização de pequenos produtores e artesãos. A taxa de natalidade, durante a primeira metade do século XIX, mantinha-se em alta, enquanto a de mortalidade, que começara a decrescer ao final do século XVIII, conservava-se em nível mais baixo. Assim, enquanto os capitalistas expandiam seu capital, os trabalhadores expandiam a população, reproduzindo-se em escala crescente.

Durante o período áureo da Revolução Industrial, aproximadamente entre 1850 e 1870, e que sucedeu a alguns períodos de crises intermitentes no início do século, a ascensão do capitalismo foi notável em toda a Europa Ocidental, correspondendo *ao momento de maturação plena e consolidação do capitalismo industrial*, predominantemente na Inglaterra. Nas décadas precedentes, em especial entre os anos de 1840 e 1850, a construção ferroviária, absorvendo um grande volume de capital, ocupara uma posição de fundamental importância no desenvolvimento econômico do período. A era do ferro, ou era ferroviária, como foi denominada pelos estudiosos da sociedade, absorvia um grande contingente de mão de obra e como retorno trazia a expansão do capital. Tal surto de desenvolvimento, que antecedia o período considerado de maior progresso capitalista, conhecido por isso como

17. "Os homens se apagam perante o trabalho: o pêndulo do relógio tornou-se a medida exata da atividade relativa de dois operários, como o é da velocidade de duas locomotivas. Então, já não se diz que uma hora (de trabalho) de um homem vale uma hora de outro homem, mas antes que um homem por uma hora vale uma hora de outro homem por uma hora. O tempo é tudo; o homem já não é nada; é, quando muito, a carcaça do tempo. A questão já não é de qualidade. Só a quantidade decide tudo: hora a hora, dia a dia." (Cf. Marx, 1976, p. 43-44.)

período áureo da Revolução Industrial, atraiu para a Inglaterra, entre 1835 e 1850, cerca de um milhão e quinhentos mil irlandeses, massacrados pela fome e pela barbárie inglesa. Tudo parecia impregnado pelo signo da mercantilização, o capitalismo evoluía em escala continental e depois mundial, proporcionando um avanço maciço da economia e tornando irreversível a revolução na produção industrial. O mercado crescia sem cessar e se expandia, ultrapassando as barreiras locais, superando as fronteiras geográficas; a produção industrial aumentava, o comércio se tornava cada vez mais intenso, envolvendo até, no caso da Inglaterra, investimentos no exterior realizados através de empréstimos, especialmente a governos. A expansão da Revolução Industrial fez surgir um novo complexo econômico, baseado na produção mercantil e na troca. Até mesmo o espaço geográfico foi envolvido por esse turbilhão de mudanças. A concentração fundiária se tornou uma condição necessária para a expansão do capitalismo industrial. Da mesma forma que a produção estava concentrada nas grandes unidades fabris, nas modernas indústrias, era preciso concentrar também a população operária, mantendo-a em condições de ser acionada a qualquer momento, desde que o ritmo da produção ou a demanda de mão de obra assim o exigissem. O surgimento das cidades industriais impôs uma nova fisionomia ao contexto social, passando a própria urbanização a ser uma variável da industrialização capitalista. As precárias vilas operárias, construídas com frequência em locais inadequados à qualidade de vida, porém amoldadas às exigências do capital, correspondiam às grandes construções arquitetônicas, que como verdadeiros símbolos da burguesia invadiam os espaços geográficos, dando-lhes uma nova conformação.[18] A emergência das cidades respondia, assim, às exigências do capital, que impunha uma ocupação diferenciada do solo social, definida essencialmente a partir da posse privada de bens. As transformações trazidas pela Revolução Industrial não ficavam, portanto, circunscritas aos limites da produção industrial. Era a sociedade como um todo que ganhava uma nova ordem social,

18. A propriedade privada é tipicamente uma expressão física da diferenciação das classes, da alienação da burguesia, pois "aliena não só a individualidade dos homens, mas também das coisas" (cf. Marx e Engels, 1984, p. 31).

polarizando-se cada vez mais radicalmente em duas grandes classes — a burguesia e o proletariado —, cujas vidas se desenrolavam sob o signo da contradição e do antagonismo.

Essa grande fratura da sociedade se expressava através das múltiplas fragmentações que lhe são características: a divisão da sociedade em classes, a divisão social do trabalho, a desigual distribuição das atividades e do produto das mesmas, características essas que se acentuavam marcantemente, à medida que o capitalismo se consolidava.

Fortalecida em seu poder, por ser a detentora do capital e dos meios de produção, a burguesia unia-se na busca da consolidação da ordem burguesa, do regime capitalista. Seu interesse pelo proletariado era inteiramente esvaziado de qualquer sentido humano, pois aos seus olhos o operário era apenas e tão somente força de trabalho, uma mercadoria como qualquer outra, da qual necessitava para expandir seu capital. Assim, ao longo da primeira metade do século XIX, o capitalismo avançou em sua marcha expansionista, instaurando concomitantemente um processo de contínua desvalorização do ser humano. A valorização do mundo das coisas correspondeu à desvalorização do mundo do homem. A força da vida, criadora de valores humanos, foi tragada pela mercadoria, símbolo do capital. O próprio movimento da vida humana foi substituído pelo movimento da mercadoria no mercado: à medida que essa se tornava valor, o homem se tornava mercadoria; as relações entre as pessoas já não eram mais humanas, mas relações entre coisas. O princípio geral da mercantilização e do lucro, que rege o sistema capitalista, estendia-se por toda a sociedade burguesa constituída, penetrando fundo na essência das relações sociais e tornando, a cada momento, mais difícil a sobrevivência do trabalhador e de sua família.

O brilho fulgurante do progresso capitalista da Europa Ocidental ao longo do quartel de século que vai de 1850 a 1875, que enchia de entusiasmo os donos do capital, ocultava uma dura realidade: seu crescimento se fizera à custa da exploração da classe trabalhadora, cujo processo de pauperização caminhara com a mesma intensidade em que se dera a concentração da riqueza nas mãos da burguesia. Porém, "a natureza não produz, de um lado, possuidores de dinheiro ou de mercadorias e, de outro, meros possuidores das próprias forças de trabalho. Esta relação não tem sua origem na natureza, nem é mesmo uma relação social comum a todos os períodos históricos" (Marx, 1982, l. 1, v. 1, p. 189).

Tratava-se, portanto, de uma situação que trazia a marca da transitoriedade e que não podia ser aceita passivamente. E, assim, não foi serenamente que o trabalhador assistiu à ascensão do capitalismo e à sujeição de sua vida ao domínio do capital.

Há registros históricos muito antigos e fidedignos que evidenciam que o protesto e a recusa ao massacre imposto pelo capitalismo estão presentes desde sua fase de acumulação primitiva. Manifestando-se de diferentes formas e expressando os vários patamares do processo organizativo da classe trabalhadora, o protesto operário pode ser encontrado desde as décadas iniciais do século XIX, em especial na Inglaterra, onde o proletariado já era um segmento estável da população, a essa altura. Não casualmente, portanto, a Inglaterra foi o berço do movimento operário e os trabalhadores fabris os seus grandes heróis anônimos. Denominados por Engels (1985, p. 31) de "filhos mais velhos da Revolução Industrial", na verdade foram por ela engendrados, razão pela qual expressam, "desde o princípio até os nossos dias, o núcleo do movimento operário". Caminhando em rota paralela ao desenvolvimento do próprio sistema capitalista, o protesto, a recusa e a resistência operária expressavam as relações antagônicas entre as classes, de forma cada vez mais evidente. Num verdadeiro movimento de contrários, burguesia e proletariado moviam-se incompativelmente no cenário social, lutando por objetivos opostos, o que determinava um grau de tensão permanente na sociedade. A reprodução das relações sociais tornava-se a reprodução da dominação, a reprodução ampliada do domínio de classe.

As primeiras formas de oposição dos trabalhadores a essa dura realidade expressaram-se na resistência, dirigindo-se não diretamente ao opressor, ao explorador, mas ao instrumento da exploração, ao símbolo da opressão: a máquina. Introduzida crescentemente na produção industrial, a máquina alterava de forma irreversível o processo social de trabalho, exigindo do trabalhador longas e penosas jornadas, através das quais o capitalista procurava auferir os lucros máximos de seu investimento. Por não demandar um grande aprendizado anterior e nem mesmo o dispêndio de forças físicas especiais, indústria capitalista trouxe para a fábrica mulheres, jovens e crianças, o que implicava graves repercussões para a personalidade desses jovens trabalhadores e para a estrutura de sua vida familiar.

A vitória da máquina significava a derrota do trabalhador; para não ser derrotado, era preciso destruí-la, bem como a fábrica que a abrigava. As primeiras revoltas contra as máquinas ocorreram na Europa, ao final do século XVII, o que levou as autoridades a proibir o seu uso durante um certo período para que se arrefecessem os ânimos dos trabalhadores. Porém, as possibilidades de expansão do capital trazidas pelo uso das máquinas deixavam alucinados os capitalistas, que paulatinamente foram conseguindo das autoridades liberação para seu uso. Em 1758, as primeiras máquinas de aparar lã foram destruídas pelos operários ingleses. Em 1765, logo após a liberação do uso das máquinas na Saxônia, houve também manifestações locais. Tentando impedir a continuidade de tais manifestações, em 1769 o Parlamento britânico promulgou um decreto estabelecendo a pena de morte como punição pela destruição das máquinas e fábricas. Cerceados pela severa legislação parlamentar, os operários passaram a recorrer a petições subscritas por grande número de trabalhadores, mediante as quais exigiam do Parlamento a proibição do uso das máquinas. Diante da ausência de respostas a seus pedidos, viram-se compelidos a recorrer a estratégias mais ostensivas, incluindo manifestações de massa, que iriam constituir tática privilegiada, do movimento dos trabalhadores nas décadas iniciais do século XX, fundado já em novas bases de luta.

Em sua fase inicial, correspondente aos primeiros fluxos expansionistas da Revolução Industrial e da ascensão do capitalismo, a revolta dos trabalhadores era contra a submissão da vida humana aos interesses do capital, contra a humilhação cotidiana que os capitalistas lhes impunham, transformando-os em mera condição de expansão de seu capital e violentando a sua dignidade de ser humano, cuja força de trabalho era comprada a preços cada vez mais degradantes. Assim, as manifestações de revolta dos trabalhadores eram impulsionadas pelo incremento da violência e da exploração que os capitalistas contra eles cometiam, transformando a sua existência em uma luta contínua e desigual pela sobrevivência.

Há uma crescente onda de manifestações, sobretudo ao longo das primeiras décadas do século XIX, o que levou o Governo da Restauração Inglesa a reagir com o recrudescimento da punição máxima aos "revoltosos", restaurando a pena de morte pela destruição das máquinas. Unidos em um movimento que tinha por objetivo central a destruição das máquinas e revoltados com o rigor das medidas adotadas pelas autoridades, os trabalhadores intensificaram seus ataques. O movimento, que em alusão a um de seus líderes, o trabalhador William Ludd, recebera o nome de *luddismo* ou *movimento luddita*, se estendeu de forma anárquica por todos os distritos manufatureiros ingleses, sobretudo durante os primeiros quinze anos do século XIX. Valendo-se de táticas politicamente pouco eficazes, em vez de se voltarem contra a "forma social em que eram explorados" (Marx, 1982, l. 1, v. 1, p. 491), os trabalhadores voltaram-se contra as máquinas, destruindo-as em grande número, o que exacerbou a ira de seus proprietários. Instaurou-se uma época de verdadeiro terror, pois até mesmo para atemorizar os trabalhadores as autoridades inglesas se valiam de estratégias a cada momento mais severas, não hesitando em se utilizar da pena máxima, como ocorreu em York, em 1813, quando dezoito líderes trabalhistas foram sumariamente executados, o que determinou um refluxo do movimento. A desigualdade das forças dos competidores levou os trabalhadores a recuar da contenda, porém o avanço da exploração capitalista determinou imperativamente o seu retorno e, o que é mais importante, levou também à ampliação de suas manifestações para fora do cenário londrino. Em 1831, em Lyon, na França, os tecelões de seda destruíram impulsivamente suas máquinas. Em 1844, os da Silésia, que já em 1792 e 1794 haviam ensaiado manifestações de revolta contra as opressivas condições de trabalho a que eram submetidos, investiram também contra as máquinas. Foram duramente reprimidos pelas tropas, que esmagaram a revolta com sangue. Na Boêmia, nos distritos de Leitmeritz e de Praga, no mesmo ano os trabalhadores tomaram de assalto as fábricas e destruíram as máquinas, sendo punidos severamente. O rigor da repressão e a perda de vidas operárias levaram-nos a refletir sobre os objetivos de suas manifestações e sobre as estratégias em uso, as quais, marcadas pelo espontaneísmo e pela falta de princípios organizativos, estavam dirigindo munição para o alvo errado. Lentamente os trabalhadores começaram a perceber que os seus reais opressores eram os donos dos meios de produção e não as máquinas; elas eram apenas o seu instrumento. A tomada de consciência dessa realidade fez com que os trabalhadores buscassem algum conteúdo organizativo para suas manifestações, as quais pressupunham necessariamente uma organização deles próprios. Para tanto era preciso lutar pela revogação de um antigo dispositivo legal, promulgado em 1563 pela rainha Elisabeth e revigorado em 1731 pelo Sacro Império Romano, através do qual se proibia o direito de associação aos aprendizes de ofícios, que existiam em quase toda a Europa naquele momento. Tolhendo a liberdade de associação, o dispositivo significava grave obstáculo para a união dos trabalhadores. Algumas tentativas de diminuir seus nefastos efeitos haviam se registrado ao longo do tempo; entre elas situava-se a alternativa utilizada pelo sapateiro londrino Thomas Hardy, que em 1792 fundou em Londres a primeira sede das Sociedades Correspondentes, voltadas para interesses corporativos e integradas por operários e aprendizes de ofícios. Baseando-se nos ensinamentos de Thomas Paine, contidos em sua obra *Os direitos dos homens*, publicada em 1791, tal Sociedade considerava natural o direito à associação. Espalhando-se por toda a Inglaterra e congregando um grande número de associados, essas sociedades foram toleradas pela burguesia, uma vez que sua ação não envolvia a prática política como tal. O agravamento do quadro político, em decorrência dos conflitos entre França e Inglaterra, levou, porém, à edição dos Atos Combinados de 1799 e 1800, através dos quais se proibia rigorosamente a criação de associações sindicais de qualquer natureza. Os ideais libertários, despertados principalmente pela Revolução Francesa, consistiram em significativa base para a organização dos trabalhadores, sensibilizando-os não só para a importância dos direitos humanos mas também da solidariedade e da cooperação tanto entre os trabalhadores como entre as nações. A contribuição política da Revolução Francesa foi, portanto, relevante para que os operários ingleses perseverassem em suas lutas, concentrando-as na busca de liberdade de associação. A essa altura, final da primeira década de 1800 e início da segunda, já se podia reconhecer uma certa identidade de classe entre os trabalhadores, construída a partir de interesses comuns e apoiada em sua consciência social. As próprias condições de dominação que os capitalistas impunham aos operários acabavam por constituir elementos estimuladores do desenvolvimento de sua consciência que como categoria histórica e social se institui a cada momento. Assim, no mesmo movimento contraditório em que o capital e o trabalho assalariado se criavam e se recriavam continuamente, produzia-se também a consciência como uma realidade eminentemente dinâmica, que segundo as palavras de Lênin (1963, p. 206) "não só reflete o mundo objetivo, mas também o cria". A condição de classe, um dos mais importantes determinantes da consciência das pessoas e grupos sociais, aliada às condições peculiares de trabalho e de existência social, levava os operários a caminhar no processo de construção de sua identidade de classe, unindo-os em torno de fins comuns. Dentre tais fins, a conquista da liberdade de associação destacava-se como uma luta essencial, na qual concentravam muitos de seus esforços.

Havia nesse momento duas tendências que orientavam a organização dos trabalhadores: a cooperativista e a sindical propriamente dita. Na luta pela reconquista do direito político de livre associação, os adeptos de ambas as tendências se uniram, logrando, em 1819, realizar uma manifestação de massa em Manchester, cidade inglesa que era um verdadeiro símbolo da industrialização capitalista. Em 1824 conseguiram finalmente, a duras penas, que o Parlamento aprovasse uma lei através da qual ficavam anulados todos os textos legais anteriores que impediam a associação dos trabalhadores para quaisquer fins. Tal direito, que anteriormente só pertencia à aristocracia e à burguesia, foi estendido aos trabalhadores a partir de então. Suas associações, que em face das circunstâncias viviam na clandestinidade, puderam vir à luz livremente. Além das já existentes, outras foram criadas, ampliando-se a base associativa do movimento dos trabalhadores. Alimentando-se das propostas teóricas do socialista Robert Owens (1771-1858), o líder trabalhista John Doherty fundou em 1829 o Sindicato Geral dos Tecelões, e em 1830, em Londres, surgiu a Associação Nacional de Proteção ao Trabalho. Em 1833, ainda sob a influência de Owens, foi formulado um plano de criação de um Sindicato Geral, que procurava fundir as tendências cooperativistas e sindicalistas em uma perspectiva socialista. Finalmente, através de múltiplas negociações, em 1834 foi fundado o Sindicato Geral Nacional Consolidado — Trade Union —, marcando uma importante conquista do movimento sindicalista inglês. Seus grandes objetivos eram: "fixar o salário, negociar *en masse*, enquanto força, com os patrões, regulamentar os salários em função dos benefícios do patrão, aumentá-lo no momento propício e mantê-lo ao mesmo nível para cada ramo de trabalho" (Engels, 1985, p. 244).

A história dessa Associação caminhou por um fluxo bastante irregular, pois não tendo contado com o apoio nem das autoridades, que com frequência determinavam a prisão de seus líderes, nem dos empresários, que negavam emprego aos seus membros, acabou por se esvaziar rapidamente, e com ela a influência de Robert Owens no movimento trabalhista inglês.

As questões sociais mais amplas, ao lado das sindicais, voltaram a preocupar a classe trabalhadora, pois em 1832, através da Carta da Reforma, o Parlamento havia mais uma vez beneficiado as classes altas, restringindo os direitos políticos dos trabalhadores. Transitando para uma nova fase, na qual o ideário da Revolução Francesa e dos direitos sociais voltavam a ocupar posição de destaque, centraram-se na reflexão sobre as bases de sua política associativa. Uma nova associação, de maior porte e de natureza democrática, surgiu em 1836, denominando-se Associação Geral dos Trabalhadores de Londres. Nesse momento, a situação dos trabalhadores era bastante tensa na Inglaterra.

Prosseguindo em sua marcha expansionista, e como que possuído por suas leis imanentes, o capitalismo se expandia, fortalecendo-se na livre concorrência e produzindo crises cíclicas, que só vinham a incrementar a pobreza e os problemas sociais dela decorrentes.

Paralisação das atividades e greves tornaram-se frequentes, embora nem sempre atingissem os objetivos visados, em geral situados no plano de reivindicações trabalhistas, como salário, jornada de trabalho, instalações adequadas e outras da mesma natureza. O resultado mais importante dessas manifestações era o avanço que proporcionavam ao processo organizativo dos trabalhadores. Como afirmava Engels, eram "a escola de guerra dos operários" (Engels, 1985, p. 253).

Em 8 de maio de 1838, a Associação Geral dos Trabalhadores de Londres, através de uma comissão liderada por William Lovett, redigiu um importante documento, denominado Carta do Povo, no qual firmava sua condição de oposição à burguesia. Reclamando uma base democrática para a Câmara dos Comuns, tal carta, de natureza nitidamente política, estabelecia os seis grandes objetivos buscados pela classe trabalhadora:

> 1. sufrágio universal para todos os homens adultos, sãos de espírito e não condenados por crime;
> 2. renovação anual do Parlamento;
> 3. fixação de uma remuneração parlamentar, a fim de que os candidatos sem recursos possam igualmente exercer um mandato;
> 4. eleições por escrutínio secreto, a fim de evitar a corrupção e a intimidação pela burguesia;
> 5. circunscrições eleitorais iguais, a fim de assegurar representações equitativas;
> 6. abolição da disposição, agora já meramente nominal, que reserva a elegibilidade exclusivamente aos proprietários de terras no valor de pelo menos 300 libras esterlinas, de modo que cada eleitor seja a partir de agora elegível. (Engels, 1985, p. 257)

O impulso trazido pelo Cartismo, como ficou conhecido esse movimento que lutava pela aprovação da Carta do Povo, foi muito significativo, impondo um novo ritmo para as manifestações dos trabalhadores sobretudo a partir de 1839, período marcado por crise comercial e de desemprego. A oposição à burguesia tornou-se mais organizada; como *locus* do capitalismo constituído, as cidades passaram a ser o cenário de luta entre a burguesia e o proletariado. A classe trabalhadora, mais unida em torno de seus objetivos comuns, avançara em sua marcha organizativa. Seus movimentos estendiam-se através de estratégias diversificadas, especialmente de massa, e dotadas de maior combatividade. O exemplo clássico desse período é a greve geral de agosto de 1842 na Inglaterra, reunindo vários distritos industriais. Os cartistas haviam conseguido mais de três milhões de assinaturas para sua Carta do Povo, o que demonstrava o vigor do movimento, que tinha também como expressiva bandeira de luta a questão da jornada de trabalho de dez horas. O Parlamento, temendo as manifestações, acabou por adotar uma política mais branda, fazendo importantes concessões de natureza sociopolítica, ao longo dos cinco anos que se sucederam à greve geral de 1842. Dentre estas, merecem referência: a lei da mineração, a abolição dos impostos de importação do trigo e, finalmente, em 1847, a tão almejada lei que fixava a jornada de trabalho em dez horas. As manifestações de resistência dos operários na Inglaterra, epicentro da Revolução Industrial e do capitalismo constituído, haviam avançado desde as décadas iniciais do século até o final de sua primeira metade, quando atingem uma de suas mais importantes vitórias com a aprovação da lei das dez horas. Porém, na organização interna e no amadurecimento de estratégias políticas, de lutas coletivas, havia um longo caminho a ser percorrido. A fase sindical do movimento trabalhista inglês trazia ainda bem presente a marca do espontaneísmo e da ação impulsiva, o que dificultava a coesão em torno dos fins, sobre os quais nem sempre havia uma prefiguração clara. O próprio movimento cartista, que vivera momentos de apogeu, entrou num marcante declínio após as fracassadas demonstrações de massa de abril de 1848 motivadas por crise salarial e de emprego. A classe trabalhadora nesse momento era bastante numerosa, o que mantinha a burguesia preocupada com suas manifestações coletivas. Sem dúvida, a caminhada histórica dos trabalhadores havia produzido importantes resultados, entre os quais devem ser destacados por sua relevância:

1. o trânsito de condição de classe para a consciência de classe estava em curso na classe trabalhadora, levando-a a discernir com mais clareza a natureza de seu papel revolucionário;
2. a importância da construção de alianças, inclusive extraclasses, para consecução dos objetivos buscados pelos trabalhadores, havia ficado clara até a evidência;
3. a essa altura, o domínio do capital sobre o trabalho já era abertamente contestado e repudiado pelos trabalhadores;
4. os trabalhadores tinham consciência de que, através de suas manifestações, podiam pressionar tanto a burguesia quanto o poder público para atingir seus objetivos.

Assim, não obstante o final da primeira metade do século XIX tenha encontrado o movimento dos trabalhadores ingleses em acentuado refluxo, isso não podia ser interpretado como seu fim, mas apenas como um momento de sua trajetória. Ao lado das circunstâncias internas que constituíam fatores explicativos para tal refluxo, havia uma conjuntura histórica continental de alto significado. A Europa era varrida nesse momento por uma onda revolucionária. A crise financeira e comercial de 1847 havia recrudescido o espírito de luta, que parecia pairar sobre o continente. Na Itália, o ano de 1847 iniciou-se com manifestações dos trabalhadores, verdadeiras rebeliões que congregavam um grande número de participantes. O movimento trabalhista europeu estava entrando em uma nova fase, nesse final de década na qual já não era mais possível deixar de reconhecer o caráter de luta de classes presente em suas manifestações. Mais do que formas de resistência, as manifestações vinham progressivamente constituindo estratégias de dissolução da sociedade de classes produzida pelo capitalismo.

Se até então a Inglaterra havia ocupado o centro desse cenário de lutas entre burguesia e proletariado, a partir do esvaziamento dos movimentos *luddita* e cartista e da crise econômica de 1847, o eixo dos acontecimentos sociopolíticos se deslocara para a França.

Palco, no século XVIII, de eventos da maior importância para a história da humanidade, a França do século XIX ocupou também um papel dos mais significativos, pois os acontecimentos políticos que aí se deram determinaram novos fluxos históricos não só para ela própria, mas para todo o continente.

Na Revolução de 24 de fevereiro de 1848, que produzira a queda de Louis Philipe e a proclamação da República, o proletariado lutara lado a lado com a burguesia republicana, tendo em vista a derrubada do reinado burguês. A vitória obtida encheu de entusiasmo a classe trabalhadora, alimentando-a com a esperança de que a Monarquia de Julho, como era conhecido o reinado de Louis Philipe em alusão à Revolução de julho de 1830 que o instituíra, havia sido afastada do cenário. Em seu lugar despontava agora a nova república social, pela qual lutara nas ruas. O período que se sucedeu às jornadas de fevereiro deixou claro, porém, que as principais bandeiras de luta da Revolução[19] estavam caindo por terra. Uma onda reacionária surpreendeu todos aqueles que lutaram pela República. A Assembleia Nacional reunida em Paris, em 4 de maio de 1848, praticamente esvaziara o conteúdo da Revolução, transformando a República na expressão de objetivos e interesses burgueses e mantendo os antigos privilégios de aristocracia financeira. A 15 de maio de 1848, revoltados com o grande engodo em que se transformara a vitoriosa Revolução de Fevereiro, os trabalhadores invadiram o local onde se realizava a Assembleia Constituinte, declarando-a dissolvida e apresentando um Governo Revolucionário, que a partir de então assumiria a direção da nação. Acionada, a Guarda Nacional agiu e dispersou os manifestantes, entre os quais se encontrava o líder político Louis Blanqui, que gozava de grande prestígio entre o operariado francês.

Tal derrota, acrescida da prisão de importantes líderes políticos do movimento operário, ao contrário do que era esperado pela burguesia, levou os trabalhadores a redobrar suas energias. E foi assim

19. "O objetivo inicial das jornadas de fevereiro era uma reforma eleitoral, pela qual deveria alargar o círculo dos privilegiados políticos dentro da própria classe possuidora e derrubar a dominação exclusiva da aristocracia financeira" (cf. Marx, 1987, p. 23).

que reagiram às decisões da Assembleia Constituinte, que deixavam claro que o governo da França seria um governo burguês, do qual, evidentemente, o proletariado estava afastado e excluído.

Em 23 de junho de 1848, a classe trabalhadora saiu impulsivamente às ruas em um movimento como jamais se vira e que nas palavras de Marx (1987, p. 25) "foi a primeira grande guerra civil da história entre o proletariado e a burguesia".

Nesse movimento insurrecional que durou até 26 de junho de 1848, os trabalhadores foram massacrados pelos guardas da República que haviam ajudado a proclamar. Para esvaziar ainda mais o movimento, as autoridades determinaram a deportação, sem julgamento, de um grande número de trabalhadores, entre os quais consideravam estar os seus líderes. A burguesia europeia, unindo-se à francesa, não tardou em aprovar o massacre cometido pelo general Cavaignac, responsável pelas tropas que dominaram os trabalhadores. Do movimento insurrecional de junho de 1848 a burguesia francesa colhia um importante dividendo político, que se expressava pela aliança da burguesia europeia constituída contra a classe trabalhadora.

O vigor do massacre e a perda de muitos de seus líderes fizeram com que os trabalhadores se afastassem temporariamente da luta revolucionária. Ao avanço da burguesia correspondeu o refluxo do proletariado. A causa operária continuava, porém, a uni-los em suas associações, colocadas na clandestinidade, em face das circunstâncias. No ano que antecedeu a insurreição de junho de 1848 e que correspondeu a um verdadeiro surto no desenvolvimento do movimento trabalhista europeu, os trabalhadores haviam conseguido fundar em Londres, em meados de 1847, uma associação operária internacional denominada Liga dos Comunistas. O programa da associação, a convite de seus participantes, foi redigido por Marx e Engels, que acompanhavam de perto o movimento trabalhista europeu. Tal programa, sob a denominação de Manifesto do Partido Comunista, foi publicado em fevereiro de 1848, anteriormente ainda à eclosão da Revolução, demonstrando bem o vigor do movimento operário e a esperança, que nele se concentrava, de transformação revolucionária da sociedade. As derrotas sofridas determinavam, porém, a busca de novas estratégias de luta.

O período pós-1848 configurou um momento de expansão da economia capitalista em escala mundial, ao qual correspondeu um certo arrefecimento das manifestações dos trabalhadores em toda a Europa, fortalecendo-se, em consequência, o poder burguês.

A década de 1850, sob uma calma aparente, ocultava uma verdadeira onda de turbulência que viria à tona por toda a Europa nos anos seguintes e que seria a nota característica de todo esse período em que o capitalismo estava firmando-se como um novo regime econômico, como uma nova ordem social.

A febre do progresso, alastrando-se, tomou conta do mundo, movendo-o praticamente em uma única direção: a expansão do capital.

A euforia do desenvolvimento capitalista impediu que a classe dominante tivesse uma real dimensão das fissuras que estavam produzindo-se no interior do próprio regime. O medo do comunismo, que tomara conta da burguesia no revolucionário ano de 1848, era substituído por uma forte crença na irreversibilidade do regime capitalista.

Se naquele momento havia como que um espectro do comunismo assustando a burguesia, a própria expansão do capitalismo, que caracterizou as duas décadas seguintes, encarregou-se de afastá-lo, embora sem conseguir exorcizá-lo plenamente, pois o medo da recorrência da onda revolucionária de 1848 acompanhou a burguesia por muito tempo.

Porém, assim como a "primavera dos povos", como é conhecido aquele momento revolucionário, produziu na França a proclamação da República em fevereiro de 1848 e a insurreição dos trabalhadores em junho do mesmo ano, além de várias manifestações em outros países europeus contra a exploração do capitalismo, este, em sua onda expansionista, havia mudado a estrutura da sociedade.

Exatamente nessa mudança radical é que estava a raiz do problema. Na ascensão do capitalismo se escondia o seu colapso; na sua extraordinária trajetória até os anos iniciais de 1870 gestava-se a Grande

Depressão, verdadeiro símbolo da história da humanidade, estendendo-se por volta de 1873 até 1896, interrompida por pequenos surtos de crescimento, porém manifestando-se organicamente até a década de 1930, quando surge o capitalismo monopolista.

O signo da contradição, do antagonismo e da desigualdade, encravado no cerne mesmo do capitalismo, não cessava de se manifestar nunca, até porque se trata de um regime que se alimenta dessas adversas condições. Assim, as mudanças por ele provocadas se fizeram acompanhar de uma onda crescente de problemas sociais.

Os trabalhadores continuavam lutando para demolir esse injusto regime. Seu poder se nutria das próprias lutas que se viam compelidos a realizar, embora nem sempre tivessem clareza das melhores estratégias a serem utilizadas. Através de avanços e recuos, de derrotas e conquistas, foram marcando sua presença na história, ora com o sangue dos que tombaram, ora com as vitórias obtidas. A insurreição proletária de 18 de março de 1871 — a Comuna de Paris — praticamente fecha um ciclo do movimento trabalhista europeu, quando a consciência política dos trabalhadores ainda estava constituindo-se, quando a ação espontânea, quase impulsiva, marcava as suas manifestações.

Naquele movimento insurrecional realizado em Paris, o proletariado, contando com a liderança e apoio da Guarda Nacional — corporação civil voluntária, com livre porte de armas —, conseguiu tomar o poder, mantendo o controle político durante cerca de dois meses, através do primeiro governo proletário da história. Porém, com a mesma intensidade com que realizaram a sua manifestação e se viram, inesperadamente, com o poder de Estado nas mãos, pois o governo provisório francês havia se retirado às pressas da capital, foram esmagados pelas tropas francesas. A Comuna de Paris não resultara de uma ação devidamente planejada nem contava com nenhuma liderança política assumida, além de não estar conectada com nenhuma linha programática definida. Assim, o proletariado francês pagava com a derrota o tributo a uma ação impulsiva e espontaneísta, porém, paradoxalmente, mais uma vez dava ao mundo um testemunho de sua força revolucionária.

A questão operária, sem dúvida nenhuma, estava posta na ordem do dia no terço final do século XIX. Mais do que um mero segmento populacional, os trabalhadores estavam constituindo uma classe, cujo perfil aparecia de forma cada vez mais nítida no cenário histórico,[20] atemorizando a burguesia.

A marcha do proletariado e a contramarcha da burguesia: o surgimento do Serviço Social

A tarefa de periodizar a história mostrou-se sempre muito complexa, sendo permanentemente atravessada por uma diversidade de critérios e por uma ampla heterogeneidade de posicionamentos. As periodizações, plenas de controvérsias, no geral acabam por revelar a ausência de consenso entre os historiadores sobre os diferentes estágios e momentos de transição da história da humanidade. A concepção materialista da história, colocando-se como uma autêntica e real superação desse impasse, preocupa-se menos com a periodização e mais com o fundamento explicativo das transformações que se processam na sociedade. Tomando por referência o modo pelo qual a produção material é realizada, uma vez que considera que este é determinante da organização política e do quadro institucional da sociedade, a concepção materialista vai procurar desvendar em cada modo de produção a história que lhe é inerente e as suas contradições internas. A compreensão de tais contradições é de fundamental importância, pois é o seu amadurecimento que produz os diferentes fluxos históricos, a passagem de um modo de produção para outro e as transformações significativas na estrutura da sociedade.

---

20. Para reconstituição de tal cenário e para análise dos principais eventos ocorridos no fluxo histórico que vai do século XVI ao XIX, sobretudo na Inglaterra e secundariamente na França, colhemos subsídios em: Abendroth, 1977; Anderson, 1978; Bloch, 1939; Dobb, 1983; Hobsbawm, 1982a e 1982b; Engels, 1985; Moore Jr., 1973; Pirenne, 1965, 1931; Marx, 1969, 1987, 1986, 1984; Marx e Engels, 1981; Soboul, 1962; Stone, 1978; Lukács, 1974.

Quanto ao capitalismo, modo de produção profundamente antagônico e pleno de contradições, desde o início de sua fase industrial instituiu-se como um divisor de águas na história da sociedade e das relações entre os homens.

Embora suas origens possam ser buscadas no crepúsculo do mundo feudal, foi na primeira metade do século XIX, sob os impactos da Revolução Industrial, que seus efeitos começaram a penetrar mais fundo no contexto social. Mudando a face, a estrutura e a dinâmica da sociedade europeia, em que foi engendrado e de onde se expandiu, o capitalismo fez de tal processo de expansão uma das páginas mais violentas na história da relação capital-trabalho. Instaurando-se como uma forma peculiar de sociedade de classes fundada sob a compra e venda da força de trabalho, revelou desde logo sua força opressora em relação ao proletariado. Com o capitalismo se institui a sociedade de classes e se plasma um novo modo de relações sociais, mediatizadas pela posse privada de bens. O capitalismo gera o mundo da cisão, da ruptura, da exploração da maioria pela minoria, o mundo em que a luta de classes se transforma na luta pela vida, na luta pela superação da sociedade burguesa.

Marx e Engels (1981), que nunca fizeram da periodização do capitalismo uma questão central de sua obra e que a estudaram no contexto mais amplo da teoria da história, deixaram um legado da maior importância no programa da Liga dos Comunistas, situando a luta de classes como a principal chave heurística para a compreensão da história, como o principal instrumento de sua transformação:

> A história de toda a sociedade humana até nossos dias é uma história de luta de classes. Homens livres e escravos, patrícios e plebeus, senhores e servos, mestres e aprendizes, em uma palavra: opressores e oprimidos, frente a frente sempre, empenhados em uma luta ininterrupta, velada algumas vezes, em outras franca e aberta, em uma luta que conduz em cada etapa à transformação revolucionária de toda a sociedade ou ao extermínio das classes em luta (Marx e Engels, 1981, p. 30).

O próprio momento histórico em que tal programa foi redigido e divulgado, final de 1847, início e desenrolar de 1848, testemunhou uma série de lutas "francas e abertas" através das quais, com impulsiva combatividade, os trabalhadores reagiam contra o avanço da barbárie capitalista.

Na verdade, a essa altura ocupavam já um espaço de classe na sociedade europeia, e de uma classe que lutava coletivamente para construir seu projeto político de dissolução da sociedade de classes. Sua caminhada histórica não era recente, pois desde cedo foram levados a engendrar sua vocação revolucionária. Já na segunda metade do século XVIII, quando as relações sociais e o quadro institucional da sociedade passavam por profundas transformações para se amoldar às exigências do capitalismo, a resistência dos trabalhadores, embrionariamente, fazia-se presente. O protesto pelo domínio do capital e a recusa à dominação pela máquina estavam na base dessas primeiras manifestações. Sua grande revolta vinha, porém, instaurando-se concomitantemente ao processo de acumulação primitiva, que inicia o ciclo de vida do capital através da criação de uma força de trabalho assalariada e livre. A dinâmica que os donos do capital imprimiram a tal processo transformou-o em uma verdadeira onda de violência contra os trabalhadores. Amplamente protegidos pelo próprio Estado, aliado fiel e submisso da burguesia, e amparados por uma severa legislação urbana que conservava ainda resquícios medievais, impuseram toda sorte de sofrimento àqueles que nada tinham para prover sua subsistência senão sua própria energia vital.

Visualizando a classe trabalhadora como um mero atributo do capital, como um modo de existência deste, os capitalistas não hesitavam em criar formas coercitivas de recrutamento do operariado e de sua abusiva exploração.

A drástica ruptura entre o camponês e a terra, o "segredo da acumulação primitiva", como o chamara Marx, havia permitido que num primeiro momento os donos do capital tivessem atendidas as suas demandas de força de trabalho. A marcha expansionista da Revolução Industrial e, na sua esteira, a da industrialização capitalista aumentavam, porém, a necessidade de braços operários. Era preciso promover a mobilidade da mão de obra, incrementando a transferência do trabalhador da aldeia para a cidade. Tal mobilidade era indispensável nessa fase de acumulação primitiva do capital e de constituição do mercado de trabalho. Ocorre que na Inglaterra uma série de dispositivos legais, promulgados principalmente durante o reinado da dinastia Tudor (1485-1603), restringia a liberdade de circulação do trabalhador. Tornava-se imperioso, portanto, revogar aqueles dispositivos, pois agora interessava à burguesia proclamar a liberdade de trabalho, de comércio e até religiosa. O trabalhador, enquanto portador da força de trabalho, precisava estar livre para circular pelo mercado. Se até aquele momento ele estivera preso ao feudo e submetido a severas punições caso transgredisse o disposto na legislação, agora era preciso transformá-lo em "trabalhador livre". Para tanto a burguesia precisava conseguir do Estado burguês a revogação de dois atos combinados, cujas origens remontavam aos séculos XIV e XVI. Tendo sido promulgados em um momento de escassez de mão de obra que se sucedeu à longa epidemia de peste negra que varreu a Europa, em especial a Inglaterra, ao longo do século XIV, tais atos eram bastante rigorosos, enchendo de temor os trabalhadores. O Estatuto dos Aprendizes, baixado pelo Parlamento inglês em 1563, além de impedir qualquer tipo de associação entre os aprendizes de ofícios, complementava-se através do Estatuto dos Residentes e da Lei do Assentamento, ambos do século XIV, por meio dos quais o trabalhador ficava inteiramente subordinado ao senhor feudal e impedido de se deslocar de sua aldeia sem permissão da autoridade local, por escrito.

A Lei dos Pobres, promulgada em 1597, era ainda mais rigorosa, determinando que todos os atendidos pelo sistema de assistência pública vivessem confinados em locais tão somente a eles destinados. Nesses locais, denominados Casa de Correção, pois a pobreza era considerada geneticamente um problema de caráter, eram obrigados a realizar todo tipo de trabalho independentemente de salário, uma vez que o atendimento pela Lei dos Pobres implicava a destituição da cidadania econômica. Sem nenhum domínio sobre sua própria vida, podiam inclusive ser cedidos, independentemente de ônus para os cofres públicos, para suprir transitoriamente a escassez de mão de obra em momentos em que atingisse níveis paroxísticos. Revelando o caráter utilitarista de sua relação com o trabalhador, os donos do capital vão pressionar o Estado para revogar aqueles dispositivos que impediam a expansão de seu capital, porém mantendo inalterados aqueles que os beneficiavam. As primeiras alterações legislativas do início do século XIX eram, na verdade, medidas de proteção ao capital e aos seus possuidores. Baixadas pelo Estado liberal burguês, que desde os estertores da era medieval vinha assumindo cada vez mais a condição de uma "junta que administra os negócios comuns de toda a classe burguesa" (Marx e Engels, 1981, p. 32), revelavam claramente o seu caráter de instrumento de domínio de classe. Assim, a revogação da Lei do Assentamento, ainda nas primeiras décadas do século XIX, e as alterações introduzidas concomitantemente no Estatuto dos Residentes, de forma a torná-lo mais brando, estavam diretamente relacionadas com a necessidade de mobilidade de mão de obra. O campo de investimento do capital era definido essencialmente pela oferta de trabalho e pela reserva de mão de obra disponível, o que pressupunha a existência de um grande número de trabalhadores à disposição da expansão do capital. Assim, a liberdade de trabalho e a liberdade religiosa, que a acompanhou, eram acima de tudo estratégias para fortalecer o tráfico mercantil que caracteriza o modo de produção capitalista.

Sob o discurso da igualdade de todos, mediante o qual a burguesia procurava justificar a recém-devolvida liberdade de trabalho e de crença religiosa, ocultava-se a profunda desigualdade das classes, constituídas sob o signo do antagonismo; ocultava-se também sua real intenção de promover a livre circulação do trabalhador, metamorfoseando-o em mercadoria. Portanto, as ideias de liberdade religiosa e de liberdade de consciência, situadas na sua real dimensão, nada mais eram do que instrumentos facilitadores da livre concorrência, mecanismo indispensável ao mercado capitalista. Foi também em nome da expansão capitalista que o Estado burguês, atendendo à pressão da burguesia, determinou nas décadas iniciais do século XIX o barateamento geral das mercadorias e gêneros alimentícios que entravam na composição da subsistência do trabalhador.

Sua intenção, por meio dessa medida, era baratear o custo da força de trabalho mediante a oferta de alimentos básicos a preços baixos. Garantir tal oferta de alimentos era muito importante para a burguesia, configurando-se-lhe como uma estratégia que a levava a atingir simultaneamente três grandes objetivos: 1º) baratear o custo de subsistência do trabalhador, conservando seus salários sempre baixos; 2º) garantir-lhe o acesso aos alimentos básicos, mantendo sob controle a sua energia de trabalho; 3º) proporcionar condições mínimas de subsistência ao exército industrial de reserva. A queda dos salários monetários foi uma situação típica de toda a primeira metade do século XIX na Inglaterra, marcada também pela explosão demográfica da classe trabalhadora — processo que já vinha instalando-se desde a segunda metade do século XVII — e pelo rápido crescimento de seu exército industrial de reserva.

Nessas condições de oferta elástica de mão de obra e de uma força de trabalho ainda desorganizada e heterogênea, o domínio do capital sobre o trabalho marcava não só as negociações como a própria vida dos trabalhadores. Durante praticamente toda a primeira metade do século XIX, a burguesia se utilizou de seu poder de classe para manipular livremente salários e condições de trabalho. Apoiando-se em um antigo dispositivo legal, cujas origens remontavam a longínquas épocas da história da humanidade — Estatuto dos Trabalhadores, de 1349, que proibia reclamações de salário e de organização do processo de trabalho —, excluía o trabalhador das decisões sobre sua própria vida trabalhista. A atribuição do salário, de acordo com aquele Estatuto, era privativa da autoridade local e independente de qualquer negociação. Assim também o recrutamento da força de trabalho, de acordo com o mesmo Estatuto, podia ser feito de forma coercitiva, sendo proibido ao homem ou à mulher de até 60 anos de idade, não inválidos, sem meios de sustento próprios, recusar trabalho, qualquer que fosse o salário. A simples recusa, denunciada às autoridades locais, implicava o recolhimento compulsório em Casa de Correção, onde os trabalhos forçados e a restrição alimentar eram as penas mais brandas, para todos, independente de idade. As alternativas do trabalhador empobrecido, em face das condições de trabalho que os donos do capital estabeleciam, eram sombrias: ou se rendia à lei geral da acumulação capitalista, vendendo sua força de trabalho a preços de concorrência cada vez mais vis, ou capitulava diante da draconiana legislação urbana, tornando-se dependente do Estado e, no mesmo instante, declarado "não cidadão", ou seja, indivíduo destituído da cidadania econômica, da liberdade civil. A realidade trazida pelo capitalismo estava posta e imposta: ou o trabalhador se mercantilizava, assumindo a condição de mercadoria útil ao capital, ou se coisificava, assumindo o estado de "coisa pública" — *res publica* — a que correspondia a perda da cidadania, a "não cidadania".[21]

A gravidade de tal situação, realidade dramática do capitalismo, constituía um grande motivo de preocupação dos trabalhadores fabris urbanos ingleses. À medida que se dava seu processo organizativo, suas grandes preocupações foram transformando-se em bandeiras de luta. Entre tais bandeiras situava-se a revogação da degradante Lei dos Pobres. Com objetivos distintos, revelando mesmo a diversidade do ser social da burguesia e do proletariado, os capitalistas também a questionavam e desejavam sua reformulação. Subordinando-a aos seus interesses, queriam transformar a Casa de Correção em Casa de Trabalho, com atividade laborativa obrigatória para todos os seus internos em troca da "hospedagem"; queriam ainda maior mobilidade do trabalhador para atender às demandas do capital. Assim, enquanto os trabalhadores lutavam pela revogação de uma lei tão discriminatória e pelo reposicionamento das bases da assistência pública, eliminando de seu contexto a exclusão da cidadania, os capitalistas queriam apenas dotá-la de maior elasticidade para melhor manipulá-la. O direito de associação conquistado pelos trabalhadores ingleses no início da terceira década do século XIX ampliou muito sua base associativa e fortaleceu seus movimentos reivindicatórios. A correlação de forças continuava, porém, a favorecer a burguesia, o que lhe valeu a vitória na sessão parlamentar em que se

21. Evocando aqui o pensamento de Hegel (1941, v. 2, p. 50), diríamos que a "não cidadania" significa exatamente a consumação do estado de alienação, condição em que a pessoa já não mais se pertence, pois "estranha a si mesma" é agora "o ser do outro".

discutiu a Lei dos Pobres. O Parlamento burguês de 1597 a sancionara, o de 1834 a reformulara, porém sempre em atendimento aos interesses da própria classe burguesa. Com a reformulação da lei, que nada perdeu de seu caráter rigoroso e excludente, foram criadas as Casas de Trabalho e instituídas as Caixas dos Pobres, para concessão de auxílio semanal ou mensal. Tanto o acesso às Casas de Trabalho como a concessão de auxílio dependiam de rigoroso inquérito da vida pessoal e familiar dos solicitantes. Assim, a temida figura tudoriana do "inspetor da Lei dos Pobres" voltava rediviva ao cenário do século XIX, cabendo-lhe a responsabilidade pela realização do inquérito e pela fiscalização das condições de vida daqueles que passavam a ser atendidos pelo sistema de assistência pública. O atendimento implicava assumir-se como dependente do poder público e, portanto, preso a uma vida controlada por normas e regulamentos. Dessa forma, mesmo livrando-se, através de novo texto legal, de viver enquistado em um local específico, os pobres não conseguiam libertar-se do jugo do poder burguês.

Embora vencidos pela burguesia através de seu sectário Parlamento, os trabalhadores não esmoreceram. Suas lutas ampliaram-se, ganhando cada vez mais a marca de lutas coletivas. A abolição da Lei dos Pobres era uma causa tão importante quanto o salário legal, ou a jornada de trabalho, integrando, portanto, a pauta de reivindicações dos trabalhadores, inclusive durante o movimento cartista.

O crescimento do movimento dos trabalhadores eurocidentais, em especial na Inglaterra, produzia uma séria inquietação na burguesia, cujo grande objetivo era a consolidação de uma estrutura econômica unificada para toda a sociedade, abalada a cada momento em que os trabalhadores se manifestavam de modo coletivo. Assim foi durante o movimento *luddita* e durante a fase de maior expansão do cartismo, como também na greve geral de 1842, especialmente. Na verdade, eram apenas alguns prenúncios do surto de desenvolvimento que iria marcar o movimento trabalhista nos anos finais da primeira metade do século XIX. Os movimentos insurrecionais de 1848 ocorridos na França eram um testemunho vivo do crescimento coletivo da força operária, de sua impulsiva combatividade; sobretudo eram a calorosa demonstração de sua luta contra a violência do capitalismo e contra a sociedade burguesa constituída. As derrotas sofridas pelos trabalhadores naquele momento ofereceram, porém, o espaço necessário para que a burguesia avançasse na consolidação de seu poder de classe.

A fase de expansão da industrialização capitalista, não só na própria Europa mas já se irradiando também para os demais continentes, criou condições favoráveis para que os donos do capital se unissem em torno da preservação de seu patrimônio e de sua crescente expansão. O quartel de século que vai de 1850 a 1875 configurou um momento de grande expansão do poder burguês e, em contrapartida, de refluxo do movimento operário em termos de manifestações coletivas, envolvendo causas políticas mais amplas. As questões sindicais e trabalhistas continuavam, porém, a animar o movimento operário que prosseguia em sua marcha, predominantemente sob o signo da prática sindical. Assim, nenhuma das medidas propostas pela legislação trabalhista, ao longo desse período, significou uma concessão do poder público ou dos donos do capital. Todas decorreram de árduas e complexas lutas e negociações dos trabalhadores. Em plena vigência do surto expansionista da industrialização capitalista, já mais amadurecidos em suas estratégias, conseguiram vitórias trabalhistas, que além de reduzir as violências do cotidiano ajudavam a recompor as forças para suas lutas. A regulamentação da jornada de trabalho infantil e a extensão da lei das dez horas para todos os operários fabris ingleses, em 1850, foram campanhas vitoriosas. Na França, já em 1848, como resultado da revolução de fevereiro, a jornada de doze horas havia sido oficial e legalmente assegurada aos trabalhadores. Em 1850, tanto na França como na Inglaterra foram criados alguns tribunais de ofício para cuidar de causas trabalhistas, especialmente daquelas envolvendo menores. Em 1870, como resultado de uma prolongada luta, os trabalhadores ingleses conseguiram que o Estado assumisse a educação básica elementar. Preocupados com esse incessante vigor dos trabalhadores e tendo ainda presente na memória a frase final do programa de sua associação internacional: "Proletários de todo o mundo, uni-vos!" (Marx e Engels, 1981, p. 681), que soava aos seus ouvidos como uma verdadeira ameaça, os donos do capital tratavam de se unir em busca de estratégias para controlar o movimento operário. O esforço conjunto dos capitalistas e do próprio Estado liberal burguês centrava-se no objetivo de dar ao seu poder político uma estabilidade plena, tanto quanto possível, tornando-o intocável pelos trabalhadores e irreversível historicamente.[22] Nesse sentido, além do movimento dos trabalhadores, preocupava a burguesia, pelo que trazia de risco à ordem social por ela produzida, a crescente onda de problemas sociais que acompanhara a expansão do capitalismo. A classe trabalhadora crescera visivelmente, introduzindo uma nova geografia nos centros urbanos: a da pobreza, que se fazia acompanhar da geografia da fome e da generalização da miséria.

Obcecada por um pensamento fixo — o de expandir e consolidar o modo burguês de produção, tornando-o irreversível —, a burguesia se mantinha sempre em busca de estratégias e táticas que pudessem viabilizar a consecução de seus objetivos. A estrutura petrificada de sua consciência erguia-se como uma verdadeira muralha, através da qual tentava isolar-se e proteger-se dos inúmeros problemas sociais produzidos pela expansão do capitalismo, injusto regime que se nutre da energia que suga do trabalhador, da crescente exploração de sua força de trabalho.

Como "é mais difícil tornar fluidos os pensamentos fixos do que a existência sensível" (Hegel, 1941, v. 2, p. 27), a burguesia não abria mão da luta pela preservação de seu poder hegemônico. Superdimensionando o seu próprio poder de classe, considerava-se capaz de garantir não só o fluxo regular do capital como também do processo histórico, cujo domínio entendia concentrar em suas mãos.

As derrotas sofridas pelos trabalhadores franceses, o esvaziamento do movimento cartista e as medidas legislativas que cerceavam a ação política da classe trabalhadora tornavam a burguesia confiante de que o recuo histórico dos trabalhadores era irreversível, nesse momento de expansão capitalista. Sua lógica imobilista, que a levava a operar apenas com o aparente, com a simples imediatidade, não lhe

22. Para a realização dessas reflexões, buscamos subsídios nas obras de autores citados ao final da seção anterior do presente capítulo, com destaque para: Abendroth, 1977; Dobb, 1983; Hobsbawm, 1982b; Moore Jr., 1973; Stone, 1978.

permitia compreender que nas derrotas dos trabalhadores não se gestara um canto de *réquiem* mas de aleluia, da mesma forma que no auge da expansão capitalista se gestavam as causas da Grande Depressão. Assim, sua preocupação maior naquele momento do final da primeira metade do século XIX era criar formas e alternativas que permitissem ajustar aos interesses do capital tanto os movimentos dos trabalhadores como a expansão dos problemas sociais. Tal expansão deixava a burguesia muito apreensiva, pois era um retrato vivo daquilo que, até mesmo como estratégia de autopreservação do capitalismo, pretendia ocultar: a face da exploração, da opressão, da dominação, da acumulação da pobreza e da generalização da miséria. Era crucial para o capitalismo manter sempre escondida, ou no mínimo dissimulada, essa massacrante realidade por ele produzida, evitando que suas próprias contradições e antagonismos constituíssem fatores propulsivos da organização do proletariado e da estruturação de sua consciência de classe. De acordo com a moral burguesa, era preciso, ao contrário, generalizar a imagem do capitalismo como um regime irreversível, como uma ordem social justa e adequada, enfim, como um ponto terminal da história da humanidade. Manter intocada a sociedade burguesa e a ordem social por ela produzida era um verdadeiro imperativo para a burguesia. Para tanto, tornava-se indispensável recorrer a estratégias mais eficazes de controle social, capazes de conter o vigor das manifestações operárias e a acelerada disseminação da pobreza e do conjunto de problemas a ela associados.

Assim, com essas preocupações e com tais objetivos, a burguesia procurou rever as estratégias em uso, tanto em relação ao movimento operário quanto aos subprodutos que decorriam da expansão capitalista. Apoiadas na experiência das sociedades pré-capitalistas, quando as relações sociais de produção eram ainda baseadas no trabalho servil, estruturando-se a partir da sujeição do escravo ao senhor, do servo ao amo, do vassalo ao suserano, do plebeu ao nobre, as práticas assistenciais eram uma forma de ratificar essa sujeição, como uma condição básica para perpetuar o regime servil. Não obstante essa perpetuação da servidão sob novas formas constituísse, ainda ao final da primeira metade do século XIX, importante objetivo dos donos do capital, isso não podia ser assumido claramente, porque os trabalhadores, por força de sua própria trajetória, já tinham uma consciência mais nítida de sua posição de classe e das contradições que permeavam suas relações com a burguesia.

Por outro lado, enquanto trabalhador livre e assalariado, e especialmente enquanto cidadão, o operário era possuidor de direitos que a própria Revolução Francesa proclamara, entre os quais se colocava desde o direito à liberdade pessoal e à vida digna, até o direito à igualdade e à assistência, quando necessária. Ocorre que tal sociedade, plena de contradições, negava, na prática, aquilo que anunciava no discurso.

Sua própria organização em classes antagônicas, apoiada em uma estrutura social produzida para garantir o domínio econômico e político da classe burguesa em relação ao proletariado, era, por si só, reveladora de uma atitude que afrontava os direitos de liberdade e de dignidade de vida. As crescentes dificuldades e obstáculos criados para impedir a organização do proletariado e a expressão coletiva de suas manifestações denunciavam, por sua vez, o desrespeito aos seus direitos políticos. Porém, para a consciência burguesa, uma consciência esvaziada de sentido social e distanciada da totalidade histórica, "falsa consciência", no dizer de Lukács (s.d., p. 14) tais atitudes eram perfeitamente naturais e justificáveis a partir de sua condição de classe que detinha em suas mãos o poder político e econômico. Sua "falsa consciência" a impelia sempre a obscurecer o real, a vislumbrar o mundo a partir dos horizontes de sua propriedade, a encarar os fatos históricos como submetidos a leis naturais e, portanto, eternas. "Sua própria vida é uma tentativa mais ou menos consciente de falsificação e o vazio interior de sua existência se transforma em defesa de seu patrimônio, apoiado em interesse egoísta em estado bruto. (...) Sua falsa consciência se converte em falsidade de consciência." (Lukács, s.d., p. 49, 54.)

A "falsidade de consciência", que está na base das ações da burguesia, tem suas raízes na alienação,[23] elemento fundante da existência social

23. O termo alienação vem do latim, "*alienatione*", significando "ato ou efeito de alienar(-se)" (cf. Ferreira, 1975, p. 69). Considerado hoje um dos conceitos centrais do marxismo, foi desenvolvido por Marx como "conceito metafilosófico, portanto revolucionário" (cf. Bottomore, 1988,

no mundo capitalista. Produzida pela dinâmica da própria sociedade burguesa como um mecanismo de autopreservação, a alienação torna-se uma determinação objetiva da vida social no mundo de produção capitalista. Penetrando na consciência das pessoas, leva-as a não mais se reconhecerem nos resultados ou produtos de sua atividade, a se tornarem alheias, estranhas, alienadas, enfim, até mesmo à realidade onde vivem.

"O movimento da sociedade, que é seu próprio movimento, toma para eles a forma de um movimento das coisas, a cujo controle se submetem, ao invés de controlá-lo" (Marx, 1982, l. 1, v. 1, p. 83). Separar o trabalhador dos meios de produção, levá-lo à alienação de sua própria força de trabalho, exercer um rigoroso controle sobre seus movimentos, seja no interior da fábrica, seja no contexto social mais amplo, eram, entre outros, os mecanismos usuais dos quais a burguesia se valia para consolidar o seu poder de classe e fortalecer a malha alienante que envolvia a sociedade por ela engendrada. Assim, as novas formas de prática social e suas estratégias operacionais, de acordo com os interesses burgueses, tinham de constituir mecanismos que dessem uma aura de legitimidade à ordem social burguesa, tornando-a inquestionável e, em consequência, aceitável pelo proletariado. Portanto, a busca de racionalização da prática social desejada pela burguesia tinha objetivos muito claros, relacionando-se diretamente ao seu projeto hegemônico de domínio de classe. *Racionalizar a assistência nessa fase final da primeira metade do século XIX, quando a Europa era uma vasta república burguesa,*[24] *após as derrotas dos trabalhadores, significava transformá-la em um instrumento auxiliar do processo de consolidação do modo de produção capitalista, em uma ilusão necessária à eterna reprodução das relações capitalistas de produção.*

p. 5), significando "um fenômeno histórico geral, próprio de toda sociedade marcada pela presença da propriedade privada e/ou de uma intensa divisão de trabalho, e que se expressa no fato de os indivíduos não conseguirem se reconhecer ou se apropriar dos objetos ou das relações que eles mesmos criam, enquanto partes constitutivas do homem social" (cf. Netto, 1981, prefácio de Carlos Nelson Coutinho).

24. De acordo com a análise marxiana (1987, p. 26-27): "A derrota dos insurretos de junho preparara e aplainara o terreno sobre o qual a república burguesa podia fundar-se e erigir-se; mas demonstrara ao mesmo tempo que na Europa as questões em foco não eram apenas de 'república ou monarquia'. Revelara que aqui república burguesa significava despotismo ilimitado de uma classe sobre outras".

Ao se aproximar dos agentes que vinham desenvolvendo as ações filantrópicas naquele momento, tendo em vista a racionalização da assistência e sua normatização, *a burguesia queria apropriar-se da prática social para submetê-la aos seus desígnios*. Ao "despotismo da fábrica", como chamara Marx às condições que marcavam a vida do operário no interior da fábrica, a burguesia queria somar o "despotismo social", utilizando-se para tanto da prática social como uma "força repressora gerada no interior das forças produtivas".[25]

Duas eram as grandes tendências produzidas pelos economistas da época, sob influência dos economistas clássicos, especialmente Adam Smith e Ricardo, que podiam constituir referências básicas para orientar os posicionamentos da burguesia quanto às formas de enfrentamento da "questão social":[26] a Escola Humanitária e a Filantrópica.

> A Escola Humanitária é a que lastima o lado mau das relações de produção atuais. Para tranquilidade de sua consciência, esforça-se para amenizar o mais possível os contrastes reais; deplora sinceramente as penúrias do proletariado e a desenfreada concorrência entre os burgueses; aconselha os operários a serem sóbrios, trabalharem bem e terem poucos filhos; recomenda aos burgueses que moderem seu furor na esfera da produção.
>
> A Escola Filantrópica é a Escola Humanitária aperfeiçoada. Nega a necessidade dos antagonismos; quer converter todos os homens em burgueses e aplicar a teoria, desde que esta se diferencie da prática e não contenha antagonismos. É evidente que na teoria é fácil fazer abstrações das contradições que se encontram a cada momento na realidade. Essa teoria equivaleria, então, à realidade idealizada. Em consequência, os filantropos querem conservar as categorias que expressam as relações burguesas, porém sem o antagonismo que constitui a essência dessas categorias e que é inseparável delas (Marx, 1969, p. 99).

25. (...) "nas mesmas relações nas quais se dá o desenvolvimento das forças produtivas, existe também uma força produtora de repressão" (cf. Marx, 1969, p. 180).

26. Por questão social entende-se o amplo espectro de problemas sociais que decorreram da instauração e da expansão da industrialização capitalista. E a "expressão concreta das contradições entre o capital e o trabalho no interior do processo de industrialização capitalista" (cf. Cerqueira Filho, 1982, p. 58).

Identificando-se mais claramente com o ideário da Escola Filantrópica, uma vez que seu objetivo não era produzir nenhuma alteração substancial na ordem social, mas apenas mantê-la sob seu rigoroso controle, afastando os antagonismos que a desestabilizavam, a burguesia encaminhou seus esforços de racionalização da assistência por essa direção, unindo-se nessa tarefa aos seus históricos aliados: a Igreja e o Estado.

Na Inglaterra, nessa época, nas décadas iniciais da segunda metade do século XIX, especialmente durante os anos de 1850-1860, em face de suas circunstâncias históricas e sociais, marcadas por uma verdadeira explosão da pobreza, membros da alta burguesia, ligados à Igreja Evangélica, incentivados pelas autoridades locais, haviam se unido em grupo com o objetivo de estudar a reforma do sistema de assistência pública inglês. Suas anacrônicas estratégias operacionais, construídas com base na experiência pré-capitalista e expressando-se através de reducionistas ações individuais, revelavam a cada momento, e de forma cada vez mais contundente, a sua impotência diante do verdadeiro turbilhão de mudanças provocadas pela Revolução Industrial e pela industrialização capitalista. Autodenominando-se os "reformistas sociais", esses filantropos, retomando o clássico lema medieval de assistência, "Fazer bem o bem" (Richmond, 1950, p. XV, prefácio de Fernando da Silva Correia), pretendiam desenvolver formas de atendimento aos problemas sociais que incidiam sobre a numerosa classe trabalhadora e que repercutiam na totalidade do processo social. O grande objetivo da classe dominante — e a razão de seu irrestrito apoio aos reformistas — era que, através de sua ação, esses pudessem afastar as ameaças que pairavam sobre o horizonte burguês e que se expressavam pela incontida expansão da pobreza e pelas persistentes investidas da classe trabalhadora. A esperança burguesa era que a ação dos reformistas viesse a constituir um significativo instrumento auxiliar do processo de consolidação do modo de produção capitalista. Assim como havia cooptado o Estado burguês para promover, ao longo do tempo, medidas políticas de proteção ao capital, a burguesia tratou de fortalecer sua aliança com os filantropos, transformando-os em importantes agentes ideológicos, responsáveis pela socialização do "modo capitalista de pensar".

> O modo capitalista de produção, na sua acepção clássica, é também um modo capitalista de pensar e deste não se separa. Enquanto modo de produção de ideias, marca tanto o senso comum quanto o conhecimento científico. Define a produção de diferentes modalidades de ideias necessárias à produção de mercadorias em condições de exploração capitalista, de coisificação das relações sociais e de desumanização do homem. Não se refere estritamente ao modo como pensa o capitalista, mas ao modo de pensar necessário à reprodução do capitalismo, à reelaboração de suas bases de sustentação ideológicas e sociais (Martins, 1980, p. XI-XII).

Era para criar tais "bases de sustentação", capazes de garantir a irreversibilidade do capitalismo, que a burguesia desejava utilizar a prática social dos filantropos, entre outras estratégias. Utilizando-se da facilidade do acesso desses agentes à família operária, a classe dominante pretendia transformá-la em um expressivo veículo de sujeição do trabalhador às exigências da sociedade burguesa constituída, em um instrumento de desmobilização de suas reivindicações coletivas.

Ocultando suas reais intenções em um abstrato discurso humanitário, baseado na igualdade e na harmonia entre as classes, a prática social burguesa procurava gerar a ilusão de que havia, por parte da sociedade, um real interesse pelas condições de vida da família operária, por seu salário, por suas condições de habitação, saúde, educação. Assim, atendendo às determinações da burguesia, colocando-se a seu serviço, os reformistas, eles próprios membros de classe burguesa, proporcionaram todas as condições para que a prática social fosse plasmada de acordo com seus interesses de classe, fazendo da face da prática social a face da burguesia, que era, na verdade, a face dominante da sociedade europeia durante toda a primeira metade do século XIX. Porém, o capitalismo, cumprindo suas leis imanentes, e contendo em seu interior a sua própria negatividade, caminhava para uma de suas crises cíclicas, cujas primeiras manifestações, durante a década de 1860, prenunciavam sua intensidade. A retração do comércio e da indústria, o aumento dos salários reais, o declínio das oportunidades de investimento, a expansão do exército proletário, ultrapassando a demanda de trabalho, a generalização da pobreza, o desemprego e a fome eram os reveladores indicativos de que o movimento gestacional da Grande Depressão[27] estava em curso. A fusão dos sindicatos nacionais, entre as décadas de 1850 e 1860, trouxe um novo impulso para o movimento dos trabalhadores europeus, cuja presença política e social, para grande preocupação da burguesia, ultrapassava os muros das fábricas, os umbrais dos sindicatos.

Burguesia, Igreja e Estado uniram-se em um compacto e reacionário bloco político, tentando coibir as manifestações dos trabalhadores eurocidentais, impedir suas práticas de classe e abafar sua expressão política e social. Na Inglaterra, o resultado material e concreto dessa união foi o surgimento da Sociedade de Organização da Caridade em Londres, em 1869, congregando os reformistas sociais que passavam agora a assumir formalmente, diante da sociedade burguesa constituída, a responsabilidade pela racionalização e pela normatização da prática da assistência. Surgiam, assim, no cenário histórico *os primeiros assistentes sociais, como agentes executores da prática da assistência social,* atividade que se profissionalizou sob a denominação de "Serviço Social", acentuando seu caráter de prática de prestação de serviços.

A origem do Serviço Social como profissão tem, pois, a marca profunda do capitalismo e do conjunto de variáveis que a ele estão subjacentes — alienação, contradição, antagonismo —, pois foi nesse vasto caudal que ele foi engendrado e desenvolvido.

---

27. Expressão consensual utilizada na historiografia socioeconômica para caracterizar uma crise histórica do capitalismo em escala mundial, cuja vigência se situou aproximadamente entre os anos de 1873 e 1896, interrompida por pequenos surtos de recuperação em 1880 e 1888, e continuando a se manifestar organicamente até a década de 1930, quando surge o capitalismo monopolista. Por suas profundas repercussões, é tida como "um divisor de águas entre dois estágios do capitalismo: aquele inicial e vigoroso, próspero e cheio de otimismo aventureiro, e o posterior, mais embaraçado, hesitante e, diriam alguns, mostrando já as marcas de senilidade e decadência" (cf. Dobb, 1983, p. 214).

É uma profissão que nasce articulada com um projeto de hegemonia do poder burguês, gestada sob o manto de uma grande contradição que impregnou suas entranhas, pois produzida pelo capitalismo industrial, nele imersa e com ele identificada "como a criança no seio materno" (Hegel, 1978, § 405, p. 228), buscou afirmar-se historicamente — sua própria trajetória o revela — como uma prática humanitária, sancionada pelo Estado e protegida pela Igreja, como uma mistificada ilusão de servir.

As condições peculiares que determinaram o seu surgimento como fenômeno histórico, social e como atividade profissional, e em que se produziram seus primeiros modos de aparecer, marcaram o Serviço Social como uma criação típica do capitalismo, por ele engendrada, desenvolvida e colocada permanentemente a seu serviço, como uma importante estratégia de controle social,[28] uma ilusão[29] necessária para, juntamente com muitas outras ilusões por ele criadas, garantir-lhe a efetividade e a permanência histórica. O Serviço Social já surge, portanto, no cenário histórico *com uma identidade atribuída, que expressava uma síntese das práticas sociais pré-capitalistas — repressoras e controlistas — e dos mecanismos e estratégias produzidos pela classe dominante para garantir a marcha expansionista e a definitiva consolidação do sistema capitalista.*

Fetichizado misticamente como uma prática a serviço da classe trabalhadora, o Serviço Social era, pois, na verdade, um importante instrumento da burguesia, que tratou de imediato de consolidar sua identidade atribuída, afastando-o da trama das relações sociais, do espaço social mais amplo da luta de classes e das contradições que as engendram e são por ela engendradas.

---

28. A expressão *controle social* está sendo utilizada na sua dimensão sociológica e notadamente na acepção que lhe foi atribuída por Mannheim (1971, p. 178) como "o conjunto dos métodos pelos quais a sociedade influencia o comportamento humano, tendo em vista manter determinada ordem".

29. O termo *ilusão* está sendo empregado de acordo com seu sentido etimológico como "falsa aparência". "Do latim *illusio, onis*, ilusão significa engano dos sentidos ou da mente, que faz com que se tome uma coisa por outra, que se interprete erroneamente um fato ou uma sensação; falsa aparência" (cf. Ferreira, 1975, p. 747).

Transitando contraditoriamente entre as demandas do capital e trabalho, e operando sempre com a identidade que lhe fora atribuída pelo capitalismo, o Serviço Social teve roubadas as possibilidades de construir formas peculiares e autênticas de prática social, expressando-se sempre como um modo de aparecer típico do capitalismo, em sua fase industrial. Assim, o conjunto de expressões que se tem como manifestações específicas de sua prática são exteriorizações de sua identidade atribuída. Envolvendo seus agentes na ilusão de servir e os destinatários de sua prática na ilusão de que eram servidos, a classe dominante procurava mascarar as reais intenções do sistema capitalista, impedindo que este se tornasse transparente. Até mesmo por uma questão de estabilidade interna e de autopreservação do regime, interessa, e muito, à classe dominante manter obscurecidas as relações, processos e leis que são inerentes ao capitalismo. Como um regime de exploração e dominação permanentemente imposto, pois isso é uma determinação e condição de sua existência, o capitalismo se nutre desse mascaramento do real. Como afirmava Lukács (1974, p. 117) ao se deter na análise do regime capitalista e das leis que o regem: "Este sistema de leis não deve apenas impor-se aos indivíduos: terá também que não ser nunca susceptível de um conhecimento integral e adequado, porque o conhecimento integral da totalidade asseguraria ao sujeito desse conhecimento uma tal posição de monopólio que tanto bastaria para suprimir a economia capitalista".

Tal qual um segredo dos deuses, a burguesia pretendia, portanto, ocultar dos trabalhadores a lógica do capitalismo, assim como desejava gerar a ilusão de que o mundo burguês era a estrutura definitiva e o capitalismo, um momento privilegiado da história, o momento em que "o céu desceu sobre a terra" (Hegel, 1941, v. 2, p. 343).

II

Os ardis do capitalismo

> A consciência de classe não é a consciência psicológica de proletários individuais, ou a consciência psicológica (de massa) de seu conjunto, mas sim o sentido tornado consciente da situação histórica de classe.
>
> *Lukács, 1974*

Retração do capitalismo e avanço do movimento operário

O século XIX constitui, sem dúvida nenhuma, um importante marco na história do desenvolvimento do capitalismo industrial. Ao longo de suas cinco primeiras décadas, assistiu, principalmente na Europa Ocidental, à consolidação das mudanças que vinham sendo introduzidas pelo capitalismo, desde o último quartel do século anterior. Como uma avalanche, o regime capitalista alterou tudo o que estava à sua volta, impondo a tessitura de uma nova rede de relações sociais, de um novo ritmo de vida e de trabalho. Revelou, desde logo, que suas influências não se restringiam apenas às relações comerciais ou ao processo industrial; atingiam, isto sim, a sociedade como um todo. E foi nesse ritmo de mudanças aceleradas que se iniciou a segunda metade do século, trazendo para o continente europeu, especialmente para sua porção ocidental, uma fase de progresso econômico e de expansão comercial jamais vista. O capitalismo, porém, como um modo de produção antagônico, que traz em seu seio a marca da desigualdade, da posse privada de bens, da exploração da força de trabalho, realizou sua marcha expansionista sob o signo da contradição. Por meio de um sinuoso percurso, marcado por crises cíclicas, cuja intensidade crescia, à medida que se reproduziam, o capitalismo foi acentuando a diferenciação entre as classes e fazendo do movimento de valorização do capital o movimento fundamental da sociedade burguesa constituída. Nutrindo-se dessas crises que sua própria dinâmica interna provocava, pois a elas sempre se sucediam surtos de reanimação do mercado, de aquecimento dos investimentos, o capitalismo expandia-se, favorecendo a consolidação do poder da burguesia industrial. Havia nesse momento da segunda metade do século XIX uma crescente oferta de trabalho, aliada a um significativo volume de investimentos e a uma acelerada expansão industrial que, juntamente com outros indicadores econômicos, permitiam considerar que o regime alcançara sua fase de maturidade. É bem verdade que o tributo social que se estava pagando por toda essa onda de progresso era muito alto, principalmente quando se considera que somente os donos do capital dele se beneficiavam, o que trazia como resultado o empobrecimento da classe trabalhadora. Tal situação não constituía, porém, a preocupação fundamental da burguesia, pois tudo a levava a crer que o modo de produção por ela instaurado e o domínio do capital sobre o trabalho eram irreversíveis. O surto de desenvolvimento do capitalismo europeu, que marcava esse início da segunda metade do século XIX, aliado às derrotas sofridas pelos trabalhadores, em especial entre os anos de 1848 e 1850, alimentava a esperança da burguesia de que tanto seu poder de classe como o capitalismo estavam consolidados. Assim, foi com muita apreensão que a burguesia europeia começou a conviver já ao final da década de 1860, portanto, ainda no período de expansão capitalista, com algumas dificuldades de reverter as crises cíclicas do capitalismo e de recuperar o fluxo regular de sua marcha expansionista. As crises, à medida que se sucediam, tornavam-se mais turbulentas e faziam-se acompanhar de graves problemas sociais. O crescimento da classe trabalhadora excedera a demanda de mão de obra, hipertrofiando o exército industrial de reserva e produzindo o inquietante fenômeno da generalização da pobreza, pelos riscos sociais implícitos. Nos distritos industriais, onde se concentrava a população operária, a esquálida face da miséria, mais do que uma metáfora, era a dura realidade, era a face de um vasto segmento da população relegado a uma vida subumana. A ausência de investimentos em infraestrutura urbana, o flagrante desprezo pelas condições de vida do trabalhador, em especial no que se refere às áreas de saúde e habitação, produziam uma apreciável deterioração da qualidade de vida operária, que se fazia acompanhar de uma significativa elevação dos níveis de morbidade e de mortalidade da população adulta e infantil. Vivendo uma vida minada pela doença, pela fome, pelas adversidades das condições de trabalho, e habitando em locais insalubres e impróprios à vida humana, a família operária tinha a sua expectativa de vida reduzida, sendo frequentes os óbitos de adultos, jovens e crianças. Em algumas cidades da Inglaterra, bem como da França e da Itália, mesmo em momentos de prosperidade como o foram os anos de 1840 a 1860, a generalização da miséria era tão intensa que chegava a atingir cerca de 20% da população. Instaurava-se, assim, um clima de verdadeira "guerra social"[1] que, como uma sequela da febre do progresso e do lucro que dominava os donos do capital, alastrava-se por todo o continente. Em alguns países, como na Inglaterra, a população operária ocupava uma faixa de até três quartos da população, o que dava dimensões muito amplas aos problemas da classe trabalhadora. Não eram problemas individuais de uma ou de outra família, como também não era um ou outro jovem que tinha a vida ceifada pela morte prematura; era toda uma classe que estava sendo massacrada por esse nefasto regime, destituído de legitimidade desde o seu nascedouro. Não obstante o massacre diário e contínuo a que submetiam os trabalhadores, os capitalistas deles precisavam imprescindivelmente, pois sua existência era uma condição para a expansão de seu capital. Controlar as crises cíclicas do capitalismo, cuja intensidade crescia na proporção em que

1. "Na Inglaterra, mesmo durante os períodos de prosperidade econômica, como no fim de 1843, a guerra social é declarada e aberta" (cf. Engels, 1985, p. 250).

diminuíam os seus espaços intervalares, significava controlar também os movimentos operários, cujas manifestações tornavam-se cada vez mais densas e consistentes. A face da classe dominante, ao final da década de 1860, já não era mais apenas a face do poder, do fausto e do luxo de uma burguesia em plena ascensão econômica. Em seu semblante já se podiam notar fortes sulcos produzidos pela inquietação e pela ansiedade que lhe traziam o agravamento dos problemas sociais e as dificuldades de superação das crises provocadas por um comércio recessivo e por um mercado retraído. Acima de tudo, preocupava-lhe a inocultável constatação de que a expansão do capitalismo industrial, ao mesmo tempo que favorecera a expansão de seu poder econômico, favorecera também o fortalecimento da consciência de classe do proletariado. Suas lutas, que em um primeiro momento foram mais circunstanciais e voltadas para questões internas, ostentavam cada vez mais dimensão política. A ordem social produzida pela burguesia dava sinais de enfraquecimento; a união dos sindicatos nacionais produzira um sentido de coesão tão forte entre os trabalhadores que eles já não se intimidavam mais com ameaças e ações repressivas e punitivas, assim como não se deixavam envolver por discursos líricos e pueris sobre a igualdade e a harmonia entre as classes. A década de 1870 encontrou um operariado combativo, forte, alimentado pelas experiências associativas que vinha desenvolvendo desde 1824, embora embrionariamente, quando arrancou do Parlamento inglês o direito à livre associação. Era um operariado sequioso por um novo tempo e por uma nova sociedade, de onde a exploração e a desigualdade estivessem excluídas para sempre. Rendendo-se à evidência dos fatos, a burguesia começava a se aperceber de que o eixo da relação capital-trabalho deslocava-se para um outro ponto, produzido por uma nova correlação de forças. As fábricas, templos das máquinas, símbolos da Revolução Industrial e da sociedade de classes que dela emergiu, espaço contraditório e complexo onde diuturnamente se confrontavam a burguesia e o proletariado, haviam configurado o "caminho realmente revolucionário" para a constituição do proletariado como classe social organizada. A estratégia utilizada pela burguesia, concentrando o trabalhador na grande indústria, constituíra fértil terreno para a construção da identidade de classe do proletariado, condição essencial para a estruturação de sua consciência de classe. Foi lá, no interior da fábrica, que se criou a dinâmica inicial em direção à consciência de classe, que o trabalhador individual deu os primeiros passos de seu percurso em direção à classe social, com consciência de classe. A própria burguesia, por meio de suas estratégias burguesas, concentrando o trabalhador nas grandes cidades e nas grandes indústrias, contraditoriamente oferecera as condições para o surgimento do proletariado, consolidando-se não só sua posição de classe social, mas de classe política.

> As armas das quais a burguesia se valeu para derrubar o feudalismo voltam-se agora contra ela própria. Mas a burguesia não forjou apenas as armas que vão lhe desfechar o golpe mortal, produziu também os homens que empunharão estas armas: os operários modernos, os proletários (Marx e Engels, 1981, p. 37).

Na grande cidade, ao se sentir estranho no mundo hostil que a burguesia lhe criara, o trabalhador começou a se unir com os outros trabalhadores, buscando superar o isolamento e a alienação que a mercantilizada sociedade do capital lhe impunha. Suas próprias condições de vida, muito marcadas pela exploração, pela desigualdade, pela contradição, que peculiarizam o regime capitalista, revelavam-lhe o caráter antagônico de sua relação com a burguesia e com o próprio Estado burguês, aos quais, paulatinamente, apreende como seus verdadeiros inimigos.

Na grande indústria, ao vender sua força de trabalho ao capitalista, ingressando no mundo do trabalho, o trabalhador individual passava a se defrontar continuamente com outros tantos trabalhadores individuais que, assim como ele, significavam não mais do que simples mercadoria para o capitalista. Aos poucos esses trabalhadores individuais começavam a descobrir a rede de relações em que estavam envolvidos, a igualdade de circunstâncias e situações que caracterizavam a sua vida operária, o seu cotidiano de trabalho. As condições peculiares que marcavam esse cotidiano na grande indústria, onde se consumava o processo de exploração de sua força de trabalho e onde a guerra social de que falava Engels era "declarada e aberta", levavam os trabalhadores a se unir em torno de interesses comuns relacionados ao próprio processo de trabalho, num primeiro momento. A partir das lutas internas por melhores salários e por condições de trabalho mais dignas, os trabalhadores foram elaborando a sua identidade de classe e saltaram para um patamar mais alto, descobrindo-se como uma classe diante do capital. Embora esse primeiro movimento de reconhecimento de classe tivesse a marca do particular, pois a identidade de classe se definia diante do capital, era de fundamental importância para a construção da consciência de classe.

Sem identidade de classe não há consciência de classe, pois esta pressupõe, como seu elemento fundante, a firme coesão em torno de interesses comuns, construídos coletivamente no calor dos próprios movimentos de classe, além da percepção da diferença, oposição, contradição e antagonismo em relação às outras classes da sociedade.

A construção da consciência de classe exigia o desmascaramento das ilusões criadas pelo capitalismo, assim como, com a força de uma determinação essencial, exigia também o trânsito para o nível da compreensão política das contradições inerentes à sociedade capitalista. Rompendo com a alienação e com as falsas aparências que recobrem a sociedade burguesa, os trabalhadores começavam a se colocar em condições de discernir a importância de seu papel no circuito do capital.

> Desde o momento em que descobre que é ele quem produz o capital, ao produzir mais-valia, o proletariado começa a libertar-se da dominação burguesa. Esse é o primeiro momento no processo de realização de sua hegemonia (Ianni, 1980, p. 13).

Àquele primeiro movimento do proletariado, de reconhecimento de sua situação de classe diante do capital — "classe em si" (Marx, 1976, p. 136) segundo as palavras de Marx, apoiadas em um referencial hegeliano —, sucederam-se outros de igual importância, através dos quais os trabalhadores foram elaborando a sua consciência política e atingiram estágios mais elevados, transformando os seus movimentos em movimentos políticos, de classe.

Sua luta, social e econômica, em um primeiro momento, transformava-se em uma luta política de classes, cujo cenário já não era mais a grande indústria, mas sim a própria sociedade.

Assim, se através do primeiro movimento o trabalhador se uniu em torno de interesses comuns e constituiu uma classe — o proletariado —, o segundo movimento levou à produção da classe política —, "classe para si" (1976, p. 136), aquela que supera a fissura entre a luta econômica e a política, que ultrapassa as questões internas, específicas, que assume conscientemente seu sentido histórico de classe, lutando politicamente por seus ideais.[2]

No instante mesmo em que se dão conta da importância de seu papel para a existência do regime capitalista, em que se tornam conscientes de sua força política enquanto classe, os trabalhadores fortalecem a sua união, consolidando a sua base associativa — o sindicato.

Assim, se a grande cidade permitiu o primeiro movimento de aproximação dos trabalhadores enquanto classe social, e a percepção de seu algoz comum — os donos do capital —, a grande indústria tornou possível desvendar o seu papel no ciclo de vida do capital e em sua expansão, levando-os a se aperceber de sua identidade como classe econômica. Foram, porém, os movimentos associativos, a prática sindical, os movimentos sociais, enfim, que tornaram possível a marcha ascendente de sua consciência em direção à classe política e à luta de classes.[3]

Havia, sem dúvida, uma significativa diferença qualitativa entre os movimentos iniciais dos trabalhadores nas primeiras décadas do século XIX e aqueles ocorridos em seu terço final, já na transição para o século XX.

A derrota dos trabalhadores franceses no movimento insurrecional de junho de 1848 deixara apenas um resíduo do que fora sua organização, retirando do cenário os seus líderes, seja pela morte, seja

2. A discussão sobre o desenvolvimento da consciência de classe do proletariado é muito ampla e profunda, comportando diferentes perspectivas de análise. Até mesmo a diferenciação aqui utilizada, com base em Marx (1976) e em Lukács (1974), é contestada por alguns autores marxistas mais recentes, como Poulantzas, que a rejeitam por sua inspiração hegeliana. Em nossas reflexões, trabalhamos com tal diferenciação, sobretudo na perspectiva lukacsiana, portanto entendendo ambas como válidas.

3. O vínculo entre tais movimentos é analisado por Marx (1976, p. 137), que conclui com a seguinte reflexão: "Não se diga que o movimento social exclui o político. Não haverá nunca movimento político que ao mesmo tempo não seja social".

pela aplicação de penas privativas de liberdade. As práticas de classe eram sistematicamente coibidas, com o objetivo de impedir o ressurgimento de movimentos mais abruptos por parte dos trabalhadores. A conjuntura pós-insurrecional favorecia a burguesia, e assim o espaço que restava aos trabalhadores era o da prática sindical, voltada para a conquista de melhoria na legislação fabril. Nos momentos de prosperidade econômica, sobretudo entre os anos de 1850 e 1860, crescia a demanda de mão de obra qualificada, o que levou os trabalhadores a investir em sua qualificação profissional. A mão de obra especializada era uma mercadoria diferenciada, valendo um preço igualmente diferenciado no mercado. O nível real dos salários monetários entrou em alta, em consequência dessa qualificação, o que constituiu um fator instigador das crises cíclicas do capitalismo. A cada crise a burguesia se surpreendia com as manifestações dos trabalhadores, reveladoras de que eles não haviam abandonado suas bandeiras de luta. Alguns governos europeus, como os da França, Inglaterra e Alemanha, chegaram até mesmo *a investirem políticas de bem-estar do trabalhador, sobretudo em condições internas de trabalho*, como forma de reduzir a permanente tensão presente na relação capital-trabalho. Agora, mais bem qualificados profissionalmente e também com melhor nível cultural, os trabalhadores compunham uma classe bem mais numerosa do que aquela de 1848, além de terem avançado em seu processo político-organizativo, o que aumentava ainda mais a preocupação da burguesia. A queda dos preços de venda e a saturação do mercado consumidor transformaram os anos finais da década de 1860 em um período bastante difícil para o capitalismo europeu. As tentativas de recuperação da economia nem sempre logravam êxito e as crises intermitentes se sucediam, provocando rachaduras cada vez mais profundas no bloco do poder capitalista. Para os trabalhadores, essa década representou um momento muito importante em sua caminhada, marcando o surgimento em Londres da Associação Internacional dos Trabalhadores, em 1863. O discurso inaugural e os estatutos, feitos por Marx, ressaltavam a importância da consciência política dos trabalhadores, responsáveis por sua "própria emancipação". A prática sindical constituiu importante base para a organização da Associação, cujas propostas foram amplamente aceitas pelos trabalhadores, que as incorporavam em suas pautas programáticas.

Em 1873, o mercado de investimentos no exterior, já bastante deprimido, fechou-se de vez, o que atuou como significativa alavanca histórica para a instauração da Grande Depressão na Inglaterra, de onde se espalhou por todo o continente, abalando ainda mais o já debilitado poder da burguesia europeia. A Grande Depressão, que se estendeu até meados de 1890, interrompida por algumas reações, encontrava os trabalhadores mais unidos e organizados, com uma prática de classe mais consistente e com estratégias mais ágeis. As sucessivas crises do capitalismo haviam exaurido as forças da burguesia europeia e do próprio Estado burguês, abrindo um flanco bem explorado pelos trabalhadores, que passaram a pressionar a classe dominante para obter a concessão de medidas sociopolíticas de interesse para sua classe. Uma nova fase se anunciava, na qual os trabalhadores, articulados em partidos trabalhistas legais, como estabelecido pela Associação Internacional em 1871, passaram a exercer expressiva influência na organização do processo de trabalho e na dinâmica da produção industrial. Com a ampliação dos partidos trabalhistas nacionais e mesmo dos sindicatos, a Associação Internacional dos Trabalhadores desapareceu em 1876, porém mantendo-se sua orientação programática no movimento do proletariado europeu. A essa altura, a "questão social", em sua dimensão política, estava posta de forma clara: o poder hegemônico da burguesia industrial europeia se enfraquecera ao longo do tempo, tanto em função das sucessivas crises do capitalismo como em decorrência do movimento dos trabalhadores europeus. No confronto entre os grandes protagonistas da "questão social", o capital já não desfrutava mais de uma posição de supremacia.

Ao se encerrar o século XIX, a burguesia se sentia fortemente ameaçada pelo crescimento político da classe trabalhadora.[4]

---

4. As primeiras fontes utilizadas para acompanhar a trajetória histórica do capitalismo e, no interior desta, as suas crises cíclicas e o avanço do movimento operário foram: Abendroth, 1977; Dobb, 1983; Engels, 1985; Hobsbawm, 1982a, 1982b; Moore Jr., 1973; Marx, 1969, 1982, 1986, 1987; Marx e Engels, 1981; Stone, 1978; Lukács, 1974.

Acumulação da pobreza e expansão do Serviço Social

Na verdade, não era tão somente o amadurecimento político da classe trabalhadora que enchia de temor a burguesia europeia, naqueles anos finais do século XIX e iniciais do século XX. Essa era apenas uma das faces da "questão social", que se instituíra ao longo do processo de industrialização capitalista. Havia uma outra face que, não obstante todos os esforços da burguesia para ocultá-la, tornava-se a cada momento mais presente, como que a denunciar as contradições e antagonismos do regime capitalista: era a face da pobreza de massa, da miséria generalizada.

Nesse momento da história da sociedade europeia, já não era mais possível deixar de reconhecer que a expansão do capitalismo se fizera acompanhar da expansão da "questão social". O progresso capitalista produzira, em sua marcha, a acumulação da pobreza, a generalização da miséria.

Desde que a Revolução Industrial começou a produzir seus primeiros frutos, trazendo para os donos do capital a possibilidade de ampliar infindavelmente seus investimentos mediante o uso de inovações tecnológicas e de transformações no modo de produção, tornou-se claro que a existência de abundante mão de obra era fundamental para alimentar o ciclo de vida do capital.

A existência de força de trabalho e a garantia de sua rápida reprodução eram pré-requisitos para a expansão do capital, pois o processo de trabalho era o principal meio de expandir valor. Ampliar a classe trabalhadora significava, portanto, ampliar as possibilidades de expansão do capital. Por outro lado, uma oferta abundante de mão de obra permitia aos donos do capital acionar um mecanismo que se tornou verdadeiro símbolo do capitalismo em sua fase industrial: a concorrência entre os trabalhadores. Entendiam os capitalistas que, quanto maior o número de trabalhadores, mais amplos os espaços concorrenciais, e com eles a possibilidade de manter condições adversas de trabalho e salários permanentemente baixos. Assim, naquele momento de ascensão do capitalismo industrial em que a lógica do capital presidia a ordenação institucional e regia a vida na sociedade, todos os esforços foram feitos pela sociedade burguesa constituída para ampliar as reservas de força de trabalho. Rompendo a antiga malha social e fazendo da cisão e da ruptura o traço dominante da sociedade urbano-industrial, até mesmo compulsivamente a burguesia promoveu a mobilidade da mão de obra da aldeia para a cidade. Indiferente aos traumatismos pessoais e consequências sociais que pudessem decorrer de tal medida, subordinou os trabalhadores aos seus desígnios, expondo-os a toda sorte de explorações. Partindo do princípio de que a maturidade plena da Revolução Industrial e da industrialização capitalista exigia uma contínua e perseverante aceleração do ciclo do capital, os capitalistas impunham ao processo de trabalho um ritmo voraz, que exauria os trabalhadores, desgastando precocemente sua energia vital. Assim, a necessidade de reserva de mão de obra era ampliada pelo prematuro desgaste físico do trabalhador, que muito cedo precisava ser substituído no exercício de suas funções.

Na fase de acumulação primitiva do capital, quando capital e trabalho ainda se criavam como produtos conjuntos, a burguesia inglesa, com o objetivo de acelerar o processo de recrutamento da mão de obra, retirou dos umbrais da história um antigo dispositivo legal cuja origem remontava ao século XVI. De acordo com tal dispositivo, denominado Lei do Cercamento, os proprietários rurais podiam cercar suas propriedades, impedindo a entrada dos camponeses, que se viam assim compelidos a buscar trabalho na cidade, nas florescentes indústrias capitalistas, cujos meios de produção estavam concentrados nas mãos dos donos do capital, a quem precisavam vender sua própria força de trabalho, única mercadoria de que dispunham para ingressar no mercado. A ausência de posses e bens materiais era um traço dominante dessa população que atendeu às demandas iniciais da industrialização capitalista. A Europa do século XVI, além de ter assistido a um recrudescimento do despotismo dos grandes proprietários de terra no sentido de tentar preservar o regime feudal, perpetuando a servidão, convivera também com várias crises políticas, sociais e econômicas que penalizavam a população trabalhadora e anunciavam a decadência da ordem social vigente. A pobreza, em vários países europeus, como Itália, França, Espanha e Inglaterra, era um traço tão marcante e acarretava tão graves problemas que era encarada por seus governantes como um fator de risco para o equilíbrio social, razão pela qual procuravam mantê-la sempre submissa e controlada. Na Inglaterra e na França, o número de mendigos crescera tanto que levava as autoridades e as famílias abastadas a se referirem a esse fenômeno como a "Praga dos Mendigos". A Inglaterra, que já convivia com outro problema de igual gravidade, a chamada "Praga dos Sem-Terra", referindo-se aos camponeses despossuídos de propriedade, era no século XVI um país com um grande contingente de pobres, mantidos sob o mais severo e rigoroso controle e vigiados por uma legislação selvagem. Tão rigorosa quanto a legislação dos pobres, promulgada durante o reinado dos monarcas mais poderosos da dinastia Tudor, o rei Henrique VIII (1509-1547) e a rainha Elisabeth I (1558-1603), era a legislação trabalhista. Se aquela considerava a pobreza problema de caráter e a mendicância uma forma de vadiagem, esta olhava para o trabalhador como um ser incapaz de realizar qualquer avanço em termos de mobilidade social. Protegendo ampla e discricionariamente a numerosa aristocracia que desfrutava do convívio da Casa Real, a legislação inglesa, tanto da dinastia Tudor (1485-1603) quanto da Stuart (1603-1640), e desdobrando-se inclusive para as épocas seguintes, com reflexos até no século XIX, foi drástica com o proletariado, levando-o ao empobrecimento. Mantendo-o preso a um salário fixo e inquestionável, cerceando suas possibilidades de ascensão social, cobrando-lhe pesadas taxas e impostos, a legislação trabalhista consumava de fato aquilo que era previsto como de direito na legislação dos pobres: a destituição da cidadania econômica. De forma altamente contraditória, um dos primeiros países a anunciar o discurso da cidadania era aquele que punia com mais severidade os pobres e os trabalhadores, privando-os da liberdade, da mobilidade social. Na legislação dos pobres, o enforcamento dos mendigos e a marcação dos pobres com ferro em brasa, por recusa de trabalho ou fuga da aldeia ou das casas de correção, eram práticas sancionadas tanto pela Casa Real quanto pelo Parlamento, pois desde o reinado de Eduardo I (1239-1307) todas as leis promulgadas pelos reis da Inglaterra tinham de ser aprovadas pelo

Parlamento. Na legislação trabalhista, de forma mais velada, o massacre do trabalhador estava presente e se fazia cotidianamente, levando-o à fome, ao desabrigo, à miséria. Durante o século XVII, os salários monetários na Inglaterra passaram quarenta anos sem variação, o que veio a incrementar ainda mais a pobreza, que, ao longo do século XVI, crescera em toda a Europa. A denominada "revolução dos preços", ocorrida no século XVI, na Europa, em consequência do afluxo maciço do ouro e da prata americanos no circuito comercial europeu, determinou uma alta generalizada de preços, que chegaram mesmo a dobrar em relação ao preço anterior e, em alguns casos, até mesmo a triplicar. A inflação que decorreu de tal medida, não acompanhada pelos salários reais, teve repercussões sociais em toda a Europa, ampliando o contingente de pobres. Somente a burguesia saiu beneficiada com a medida, fortalecendo ainda mais seu poder econômico. Além dos problemas econômicos, a Europa da segunda metade do século XVI e início do século XVII foi varrida por uma onda de guerras civis, que acentuaram muito a gravidade do quadro político e social. Na primeira metade do século XVII, havia uma grande massa de camponeses empobrecidos, vagando por toda a Europa, entre a revolta e a submissão. Assim, braços operários havia, e até mesmo braços ociosos, quando a industrialização capitalista começou a demandá-los. A forma desordenada, porém, em que tal recrutamento se deu e as condições peculiares que marcaram o início do processo de expansão do capitalismo acabaram por produzir um quadro grave do ponto de vista político e social, pois fez com que desde o início a classe trabalhadora se constituísse sob o signo da opressão, da violência, da exploração. Determinando compulsivamente o trânsito da aldeia para a cidade, concentrando os trabalhadores na grande indústria, enquistando-os nos grandes bairros operários desprovidos de condições básicas de vida saudável, os capitalistas estavam estocando mão de obra, mercantilizando vidas humanas, concentrando pobreza.

Alterando a própria pirâmide demográfica e desafiando o equilíbrio ecológico, os capitalistas incentivavam a fixação de um número cada vez maior de trabalhadores nos arredores de suas indústrias, para atender à expansão da produção industrial.

Utilizando-se assim de um mecanismo muito comum e próprio do regime capitalista, a classe dominante realizava uma verdadeira subversão da ordem social existente, amoldando-a às exigências do capital.

Indiferente às precárias condições de vida do proletariado, decidida a elevar a produtividade do trabalho coletivo, a burguesia fazia recair sobre o trabalhador individual o peso e as consequências de sua decisão, submetendo-o a uma abusiva exploração. Preocupada com a consecução de seus objetivos, tratava de incorporar força de trabalho ao seu capital, de expandi-lo tanto quanto possível. Acumular capital significava, porém, acumular o proletariado, que crescia em ritmo muito mais rápido do que a capacidade de absorção do mercado. Essa superpopulação interessava ao capitalista, pois constituía o seu exército industrial de reserva, sempre a postos para atender às necessidades variáveis de expansão de seu capital e alimentar a concorrência entre os trabalhadores. Circulando perifericamente pelo mercado e aguardando a oportunidade de nele adentrar, essa população excedente era ardilosamente utilizada pelo capitalista como um fator de contenção de salários, um freio aos movimentos e reivindicações trabalhistas. Para o capitalista, essa superpopulação trazia sempre a possibilidade de manter uma alta rotatividade de sua mão de obra, substituindo os que questionavam, afastando os que reivindicavam.

Garantir a reprodução dessa superpopulação era mesmo condição de existência do capitalismo, razão pela qual era naturalmente encarada pela classe dominante como despesa extra da produção capitalista, porém não assumida apenas pelos próprios capitalistas, mas repassada para o Estado e para o conjunto da sociedade.

A fase áurea da Revolução Industrial e da euforia da industrialização capitalista, em especial entre os anos de 1850-1860, com sua crescente demanda de mão de obra, estimulou o crescimento da classe trabalhadora. Ao findar a primeira metade do século XIX, os trabalhadores eurocidentais compunham uma grande faixa da população, abrigando um expressivo contingente populacional. A expansão capitalista se espalhara por toda a Europa e já atingia também o continente americano, através dos fluxos migratórios. Tudo levava a crer que o progresso capitalista era autopropulsivo e inesgotável. Porém, suas crises cíclicas e a própria história se encarregaram de mostrar que

> as condições de produção em que se move a burguesia não tem caráter unitário, simples, mas dúplice; que, nas mesmas condições em que se produz a riqueza, produz-se também a miséria; que, nas mesmas condições em que se processa o desenvolvimento das forças produtivas, desenvolve-se também uma força repressiva; que essas condições só geram a riqueza burguesa, isto é, a riqueza da classe burguesa, com a destruição continuada da riqueza dos membros que integram essa classe e com a formação de um proletariado cada vez maior (Marx, 1976, p. 98).

Assim, acumular riqueza, num polo, significava expandir pobreza no outro, generalizar miséria, pois o signo da desigualdade, que marca o regime capitalista e dá sustentação a uma sociedade estruturada em classes antagônicas, imprimia ao processo social uma dinâmica injusta e ilegítima, que impedia o trabalhador de se apropriar até mesmo da parcela de valor por ele criada com seu trabalho, canalizada que era para o Estado e para a classe dominante. Seus salários não expressavam a força de trabalho consumida no processo de produção, e os serviços básicos de que necessitava para repô-la lhe eram negados ou omitidos pela classe dominante. Realmente a acumulação de riqueza, num polo, significava acumulação da pobreza, generalização da miséria, no outro. A Europa do final da primeira metade do século XIX e início da segunda contava com um número tão grande de pobres que os ingleses temiam uma nova "praga dos mendigos". Havia abundância de mão de obra, superior à demanda; de um lado em função do incremento do uso das máquinas, que permitia uma apreciável economia de trabalho humano, e de outro em função da expansão da classe trabalhadora em limite superior às necessidades de um mercado enfraquecido por sucessivas crises.

O exército industrial de reserva crescera a tal ponto que passara a abrigar um grande número de pessoas que jamais conseguiam penetrar no circuito do capital, acabando por cair em uma situação de pauperismo.

Esse massacre do ser humano pelo universo econômico, essa verdadeira degradação da classe trabalhadora eram vistos pela burguesia como subprodutos naturais do regime capitalista. Para ela, o pauperismo significava tão somente

> o asilo dos inválidos do exército ativo dos trabalhadores e o peso morto do exército industrial de reserva. Sua produção e sua necessidade se compreendem na produção e na necessidade da superpopulação relativa, e ambos constituem condição de existência da produção capitalista e do desenvolvimento da riqueza (Marx, 1982, l. 1, v. 2, p. 747).

A degradação da qualidade de vida dos trabalhadores, sua concentração em vilas operárias desprovidas da mais elementar infraestrutura urbana, o que as transformava em verdadeiros polos irradiadores de epidemias e doenças, nada sensibilizava a burguesia, pois seus olhos estavam voltados para o lucro, para a expansão do capital. Nesse sentido, operando com uma lógica imobilista, não histórica, muito própria da burguesia, para quem "houve história, agora já não há mais" (Marx, 1976, p. 96), justificava e naturalizava a imperfeita ordem social por ela produzida, "transformando o inexplicado e inexplicável da existência e da maneira de ser da sociedade burguesa em um valor cultural de validade intemporal, em lei eterna" (Lukács, 1974, p. 176). Reduzindo os antagonismos que permeavam suas relações com o proletariado à condição de meros conflitos sociais e visualizando a pobreza como um mal necessário à sociedade capitalista, a classe dominante a tolerava, repassando para as autoridades a tarefa de mantê-la sob controle, para que não constituísse risco à expansão do capital.

Refletindo sobre essa situação, Marx (1982, l. 1, v. 2, p. 714) recolhe na literatura elucidativa manifestações da burguesia sobre a questão da pobreza, utilizando-as na análise da Lei Geral da Acumulação Capitalista. Aí encontramos a referência ao economista clássico John Bellers, afirmando, em 1696, que "o trabalho do pobre é a mina do rico". No mesmo sentido se expressava Bernard de Mandeville (1670-1733), escritor e filósofo inglês, por volta do início do século XVIII:

> Nos países onde a propriedade está bem protegida, é mais fácil viver sem dinheiro do que sem os pobres, pois quem faria o trabalho? [...]

> Numa nação livre onde se proíbe a escravatura, a riqueza mais segura é constituída por um grande número de pobres laboriosos. Constituem fonte inesgotável para o recrutamento da Marinha e do Exército; sem eles nada se poderia fruir, nem poderiam ser explorados os produtos de um país (Marx, 1982, l. 1, v. 2, p. 715).

Um fato notável, por conter um profundo valor heurístico, é que opiniões desse gênero eram expressas também por membros da Igreja, tanto Católica quanto Protestante, fiéis aliadas da burguesia. A Igreja Anglicana, apoiada em uma tese de um de seus ministros, Thomas Malthus, publicada em 1798 sob o título de Ensaios sobre população, entre outras coisas postulava a limitação dos nascimentos entre os pobres, como forma de manter em equilíbrio a situação da pobreza. O pastor Thomas Chalmers, discípulo de Malthus e seguidor de sua doutrina, membro da burguesia inglesa, é referido tradicionalmente na literatura histórica do Serviço Social como uma figura de grande destaque. Teve importante influência na organização da assistência social, em especial na Inglaterra, Alemanha e Estados Unidos. Propôs em sua paróquia, em Glasgow, a criação de "fundos invisíveis de caridade" (Richmond, 1950, p. XXIII), mediante os quais seria conferido auxílio aos pobres, através dos agentes envolvidos com a prestação da assistência social. Propôs também a firme adesão de seus paroquianos à Lei de Malthus, transformando-os em verdadeiros porta-vozes da mesma.

Essa perspectiva alienada e alienante dos problemas sociais, generalizada entre a burguesia europeia, deitava suas raízes no modo de produção capitalista, fundado na alienação, no antagonismo e na contradição. Penetrando forte na sociedade burguesa constituída e na consciência da burguesia, essas marcas do capitalismo produziam o "modo capitalista de pensar", segundo o qual as mesmas são básicas para a sustentação do regime. A própria Igreja partilhava dessa posição, vendo no antagonismo da produção capitalista uma lei natural da riqueza social.

O monge veneziano Gianmaria Ortes, economista de prestígio no seu tempo, assim se expressou sobre essa questão em sua obra Sobre a economia nacional, publicada em 1774:

> Numa nação, os bens e os males econômicos mantêm-se sempre em equilíbrio: a abundância de bens para uns corresponde sempre à falta deles para outros. Grande riqueza para alguns significa privação absoluta do necessário para muitos outros. A riqueza de uma nação está em correspondência com sua população, e sua miséria em correspondência com sua riqueza. A diligência de uns leva outros à ociosidade. Os pobres e os ociosos são consequência necessária dos ricos e dos trabalhadores (Marx, 1982, l. 1, v. 2, p. 749).

O pastor anglicano Joseph Townsend não estava muito distante dessa naturalização do caráter antagônico da sociedade capitalista, quando, em 1786, justificando a pobreza como condição necessária para a riqueza, afirmou:

> O trabalho obtido por meio de coação legal exige grande dose de aborrecimentos, violência e barulho, enquanto a fome pressiona pacífica, silenciosa e incessantemente, e, sendo o motivo mais natural para a diligência e para o trabalho, leva a que se façam os maiores esforços (Marx, 1982, l. 1, v. 2, p. 750).

Se tal afirmativa causa perplexidade, não só por seu conteúdo mas também por sua origem, a análise, realizada pelo mesmo pastor, de uma das poucas leis de seu tempo voltadas para a camada pauperizada da população chega a ser estarrecedora. A lei denominava-se Lei dos Pobres, e à sua análise o pastor Townsend se dedicou em sua obra Uma reflexão sobre a Lei dos Pobres, publicada em 1786 e reeditada em 1817, formulando a seguinte crítica:

> Parece uma lei natural que os pobres até certo ponto sejam imprevidentes, o que proporciona a existência de indivíduos para exercerem os ofícios mais servis, mais sórdidos e mais ignóbeis da comunidade. O cabedal da felicidade humana é ampliado quando os mais delicados ficam isentos do trabalho servil e podem realizar sua vocação superior sem interrupções [...] A lei de assistência aos pobres tende a destruir a

harmonia e a beleza, a simetria e a ordem desse sistema que Deus e a natureza criaram no mundo (Marx, 1982, l. 1, v. 2, p. 750).

A ética burguesa vai revelando-se através dessas manifestações, que retratam o espírito de uma época, a moral de uma classe para a qual o valor de seu capital é superior ao da vida humana. À burguesia, o trabalhador interessava tão somente enquanto força de trabalho; portanto, sua preocupação restringia-se apenas a que se mantivesse em condições de se incorporar continuamente ao capital, ampliando-o e expandindo-o. Suas reais condições de vida não constituíam motivo de preocupação para ela.

Destutt de Tracy (1754-1836), membro de prestígio na corte de Napoleão, retratou bem a ética da burguesia, afirmando: "Nas nações pobres, o pobre vive a seu gosto, e, nas ricas, vive geralmente na pobreza" (Marx, 1982, l. 1, v. 2, p. 752).

Nesse mesmo sentido de naturalizar a pobreza, como uma condição da vida operária no modo de produção capitalista, também se manifestou Bernard de Mandeville, no século XVIII, em sua obra A fábula das abelhas:

> Os que ganham sua vida com o trabalho cotidiano só têm como estímulo, para prestar seus serviços, suas necessidades. Por isso é prudente mitigá-las, mas seria loucura curá-las. [...] Para tornar feliz a sociedade e para que o povo viva contente mesmo em condições miseráveis, é necessário que a maioria permaneça ignorante e pobre. O saber aumenta e multiplica nossos desejos, e quanto menos um homem deseje mais fácil é satisfazer suas necessidades (Marx, 1982, l. 1, v. 2, p. 715).

Assim, indiferente à sorte desse imenso contingente de pobres e possuída pela "obsessão da mercadoria, pela lógica dos corpos sólidos" (Gabel, 1969, p. 121), a burguesia vai produzindo e reproduzindo o ritualístico ciclo do capital, através do qual assiste à expansão de seus investimentos. Não há tempo para reflexões, não há espaço para preocupação com aqueles que já foram excluídos do circuito do capital. Porém a "questão social", tornando-se a cada momento mais densa e complexa, pairava como uma pesada nuvem sobre o horizonte burguês ao final do século XIX. Já não era mais possível deixar de visualizá-la, seus efeitos transcendiam os limites das vilas operárias, denunciando a falência da ordem social burguesa e das formas de assistência por ela engendradas. O proletariado, ao longo do século XIX, havia realizado uma longa travessia em que conseguira libertar-se da condição de "escravo da burguesia" (Engels, 1985, p. 143). Já não aceitava mais passivamente as práticas de assistência que a sociedade burguesa lhe oferecia, pois acima de tudo eram estratégias que pretendiam reforçar a submissão da classe trabalhadora ao domínio do capital.

A Inglaterra, em função de suas circunstâncias históricas e da longa convivência com a miséria generalizada, fora o primeiro país da Europa a criar não só uma legislação específica para atendimento da "questão social" mas um organismo encarregado de racionalizar e normatizar a prática da assistência. Já em 1869, momento de agravamento das crises socioeconômicas que precederam a Grande Depressão, membros da alta burguesia haviam criado a Sociedade de Organização da Caridade, unindo esforços da Igreja Evangélica e da classe dominante.

Na busca de racionalização da prática da assistência, tal sociedade recorreu a modelos pretéritos, concebidos especialmente durante as dinastias Tudor e Stuart, porém ainda vigentes no século XVIII e parte do XIX. Apoiados em uma legislação das mais brutais de que se tem notícia, os modelos visualizavam *a assistência como uma forma de controlar a pobreza e ratificar a sujeição e a submissão dos trabalhadores*. Apoiavam-se essencialmente em três grandes estratégias: a intimidação, a repressão e a punição.

Desde o século XV até o século XIX, a história da Inglaterra está repleta de exemplos de atrocidades cometidas contra os pobres em nome do equilíbrio social e da estabilidade do poder. Nos demais países da Europa, a situação não era diferente, pois suas práticas assistenciais baseavam-se na experiência inglesa; porém, com o desenvolvimento da classe trabalhadora e especialmente com o amadurecimento de sua consciência de classe, tais estratégias eram repudiadas pelo proletariado, que lutava por medidas mais amplas de política social.

Tornava-se imperioso criar novas formas de assistência, capazes de ganhar aceitação da classe trabalhadora. Era preciso criar a ilusão de que havia um paternal interesse da classe dominante e do próprio Estado burguês pela classe trabalhadora, ocultando-lhe as reais intenções da prática assistencial que lhe era dirigida: consolidar o modo de produção capitalista e garantir a expansão do capital. Eram objetivos muito importantes para a burguesia nesse final do século XIX e início do século XX, quando ela se sentia ameaçada pela "questão social", que de forma contundente se expressava através de duas faces:

- política, representada pelo avanço do movimento dos trabalhadores;
- social, representada pela acumulação da pobreza, pela generalização da miséria.

As relações marcadamente antagônicas entre as classes determinavam um clima de tensão permanente na sociedade, onde interesses contrapostos chocavam-se, produzindo consideráveis impactos sociais. Tais impactos — sempre naturalizados pela burguesia — com o adensamento da "questão social" passavam a lhe trazer viva preocupação, adquirindo mesmo o significado de um perigo iminente. Avançando pelas rachaduras do sistema capitalista e vencendo as frágeis barreiras levantadas pelo debilitado liberalismo, a "questão social", como um espectro, acompanhava os passos da burguesia, manifestando-se nas mais diferentes formas. Temerosa e assustada, a classe dominante procurava pensar em estratégias que contivessem as ameaças que colocavam em risco as suas propriedades e, no limite, o próprio regime que as legitimava. Aos seus olhos, os sinais evidentes desse perigo, ao lado das reivindicações coletivas do proletariado, eram as massas famintas que se deslocavam em busca de assistência. Eram milhões e milhões de pobres, para os quais a burguesia não tinha uma resposta. Sua única saída, aquela que se lhe afigurava a possível solução para evitar o colapso fatal, era unir-se enquanto classe, buscando desenvolver mecanismos e estratégias que, preservando o seu poder hegemônico, promovessem os ajustamentos necessários no próprio processo histórico. Mesmo unida em torno desse objetivo, a burguesia sentia-se fragilizada pela magnitude da ação a ser desenvolvida. Além da evidente expansão do processo de pauperização da classe trabalhadora, havia também o avanço do movimento do proletariado, que se mantinha firme em suas reivindicações. Sua prática política havia ganho um significativo impulso com a criação dos partidos trabalhistas, superando muito o espontaneísmo e a impulsividade que marcaram suas ações ao longo da primeira metade do século XIX e início da segunda. Assim, exercer uma ação de controle sobre seus movimentos e promover ajustamentos no processo histórico não se revelavam tarefas de fácil execução. As ações desenvolvidas pela Sociedade de Organização da Caridade não eram legitimadas pela classe trabalhadora, pois não respondiam a nenhuma de suas reivindicações coletivas. Presas atavicamente a antigas influências, continuavam a vislumbrar a pobreza e a mendicância como problemas de caráter e a assistência como um rígido mecanismo de correção e controle. Os pobres, sempre que possível, preferiam ajudar-se, evitando cair nas malhas do sistema de assistência pública, de onde dificilmente se conseguia escapar após um primeiro atendimento. Mantendo ainda bem presente a influência da legislação tudoriana, a Inglaterra do século XIX, bem como outros países eurocidentais, continuavam a estigmatizar a pobreza, a marginalizar o pobre, negando-se a reconhecer qualquer direito de mobilidade social a essa camada da população. Se no reinado de Eduardo VI a pobreza e a ausência de atividade ocupacional eram punidas com a marcação de ferro em brasa no peito e, no de Elisabeth I, os mendigos tinham a cartilagem da orelha queimada, na Inglaterra do século XIX ser declarado pobre equivalia a perder um dos direitos mais fundamentais do ser humano: o direito à liberdade. A pobreza era punida com a "não cidadania", isto é, com a destituição da cidadania econômica e com o cerceamento da liberdade de ir e vir.

A burguesia europeia do século XIX obstinadamente permanecia em sua concepção da pobreza como uma condição de existência do capitalismo, como um mal necessário à sustentação do regime. A nota publicada por um jornal londrino de grande circulação, o Times, em 12 de outubro de 1843, deixa ver bem esta posição:

> Ressalta, em nossa seção de polícia de ontem, que em média dormem 50 pessoas todas as noites nos parques, tendo como única proteção contra as intempéries as árvores e alguns buracos no cais. [...] É na realidade assustador. *Pobres, é preciso que os haja* (grifo nosso). A necessidade há de abrir caminho por toda parte e instalar-se com todos os seus horrores no coração de uma grande e florescente cidade. Nos milhares de becos e vielas de uma metrópole populosa haverá sempre necessariamente — assim o tememos — muita miséria que fere a vista, e muita que não aparecerá à luz do dia (Engels, 1985, p. 43).

Menos por razões éticas e sociais e mais em defesa do regime, ao longo do tempo a burguesia se viu compelida a rever suas estratégias de assistência aos pobres. O pauperismo, como polo oposto da expansão capitalista, crescera tanto na Europa durante o século XIX que seu atendimento já não podia mais se restringir às iniciativas de particulares ou da Igreja; era preciso mobilizar o próprio Estado, *incorporando a prática da assistência e sua estratégia operacional — o Serviço Social — à estrutura organizacional da sociedade burguesa constituída, como um importante instrumento de controle social.* A Sociedade de Organização da Caridade, embora não contasse com o apoio da classe trabalhadora, havia se expandido, acompanhando o fluxo ascensional da pobreza e da miséria. Sua influência se fazia presente em todas as práticas assistenciais não só inglesas como também europeias, as quais se realizavam em estreita relação com as equipes de saúde, no terço final do século XIX. O aumento do nível de morbidade, que decorria do crescimento da pobreza, causava grandes preocupações às autoridades, até mesmo pelos reflexos que trazia para o processo de trabalho, pois um operário doente era uma mercadoria inerte. Assim, embora mantendo sua visão de assistência como uma estratégia de submissão da classe trabalhadora, a Sociedade de Organização da Caridade passou a incluir as questões de saúde em sua área de atuação. A ação social desejada pela burguesia nessas décadas finais do século XIX, quando buscou a aproximação com o Estado e tratou de fortalecer as alianças com os agentes sociais, transcendia porém as questões particulares, ou das situações específicas. O que a preocupava era o processo social, sobre o qual desejava exercer um controle mais rigoroso. A expansão da "questão social" atingira níveis que a burguesia considerava alarmantes: a miséria havia se generalizado na Europa, atingindo um grande contingente da classe trabalhadora, que, mais mobilizada e com maior nível de organização, avançava em suas lutas, não esmorecendo diante das frequentes dificuldades impostas pelos donos do capital.

Assim, da ótica da burguesia, era preciso ampliar as bases da prática assistencial, conferindo-lhe novos padrões de eficácia, eficiência e racionalidade. Por outro lado, era preciso também definir medidas globais de política social e de legislação trabalhista que pudessem constituir instrumentos bloqueadores do avanço do movimento do proletariado, capazes de "apaziguar os trabalhadores em relação ao regime" (Abendroth, 1977, p. 33).

A primeira tarefa — reorganizar a assistência, valendo-se inclusive dos insumos científicos correntes na sociedade europeia — a classe dominante atribuiu à Sociedade de Organização da Caridade, sob sua vigilante orientação doutrinária.

A segunda — propor políticas e implementar medidas legislativas — ficou reservada ao Estado burguês, portanto nas mãos da própria classe dominante, pois na ordem social por ela engendrada o Estado nada mais era do que um órgão a seu serviço.

Nesse momento, porém, de vulnerabilidade social e econômica que caracterizava o último quartel do século XIX na Europa, a aliança com o Estado era de fundamental importância para o projeto de domínio de classe da burguesia, além do fato de que "o Estado burguês não pode deixar de oferecer-se como universal, solo e fim de uma comunidade imaginária capaz de anular, graças ao formalismo da lei, a particularidade que o define, ocultando a dominação de classe pela simples recusa da forma de existência real das classes, isto é, a luta" (Chaui, 1980, p. 65).

Assim, valendo-se de uma ardilosa estratégia, a classe dominante, ao mesmo tempo que procurava atemorizar o proletariado com a imagem de um monolítico bloco de poder resultante de sua fortalecida aliança com a Igreja e com o Estado, tratava também de assumir a direção da prática social, fazendo da Sociedade de Organização da Caridade e de seus agentes os modernos guardiões da "questão social".

O Estado burguês, debilitado pela onda de problemas provocados pela Grande Depressão, que desde o início da década de 1870 vinha assolando os vários países, principalmente da Europa, sentia-se fragilizado para conter por si só a expansão da ampla problemática social. A Sociedade de Organização da Caridade, por sua vez, não obstante se multiplicasse o número de seus agentes, sentia-se impotente e apreensiva diante da magnitude da mesma. Por isso, o esforço conjunto de reorganização da assistência ocorrido ao final da década de 1870, sobretudo na Inglaterra, tendo em vista sua inserção no aparato burocrático institucional do Estado burguês, recebeu da Sociedade de Organização da Caridade a melhor das acolhidas.[5]

E assim — e aqui mais uma vez se revela o caráter ardiloso do modo capitalista de pensar — os donos do capital, com aprovação dos próprios agentes, assumiam o domínio da prática social, subordinando-a cada vez mais profundamente aos seus interesses de classe. Em consequência, a função econômica da prática social passou a sobrepor-se à própria função assistencial, uma vez que, de acordo com a visão da burguesia, sua grande contribuição para a sociedade burguesa estava em sua condição de constituir um instrumento auxiliar do processo de reprodução das relações sociais de produção capitalista. Envolvendo os agentes em um discurso ideológico, mistificado, muito próprio da razão burguesa,

> realiza uma operação bastante precisa: ela oferece à sociedade fundada na divisão e na contradição interna uma imagem capaz de anular a existência efetiva da luta, da divisão e da contradição: constrói uma imagem da sociedade como idêntica, homogênea e harmoniosa. Fornece aos sujeitos uma resposta ao desejo metafísico de identidade e ao temor metafísico da desagregação (Chaui, 1980, p. 27).

---

5. As principais fontes utilizadas para subsidiar essas reflexões sobre a acumulação da pobreza e a expansão do Serviço Social foram: Bairoch, 1976; Dobb, 1983; Engels, 1985; Lukács, 1974; Marx, 1982, 1969; Moore Jr., 1973; Richmond, 1950; Stone, 1978.

Assim, utilizando-se do momento de crise e de debilidade do tecido social, em especial da apreensão que reinava no seio da sociedade europeia, predominantemente entre os agentes sociais, a classe dominante *ratifica sua identidade atribuída, roubando-lhes a possibilidade de construção coletiva de projetos de autênticas práticas sociais.* Esvaziada de suas dimensões fundamentais, de construção histórica, de tempo e movimento, distanciada da luta de classes e do processo histórico real, a identidade atribuída, qual um amálgama, fixo e petrificado, composto pelos desejos e aspirações da classe dominante, passou a determinar o percurso da prática social. Crescentemente por ela ratificada e inserida no aparato burocrático institucional do Estado burguês, assumiu cada vez com mais ênfase a dimensão de estratégia de controle social, peculiarizando-se como uma ação direcionada para o *controle dos problemas que decorriam da industrialização capitalista e de seu fluxo expansionista.* Nutrindo-se do desenvolvimento do próprio modo de produção capitalista, a identidade atribuída se fortalecia a cada momento, assim como se fortaleciam os vínculos da prática social com a classe dominante. A esta interessava, e muito, alimentar esses vínculos, porque por meio deles a força penetrante da alienação alojava-se na categoria profissional, *aproximando cada vez mais seus agentes do projeto hegemônico da burguesia.* Envolvendo-os no movimento do capital e sempre ratificando a importância de sua ação para a reprodução da força de trabalho e o equilíbrio do sistema capitalista, os donos do capital acentuavam o distanciamento entre agentes e a classe trabalhadora. Por outro lado, delegando-lhes funções de interesse do capital e mantendo-os ocupados nesse exercício, a classe dominante restringia seus espaços de reflexão e crítica, *desde logo marcando a prática social com o signo da urgência, da prontidão para a ação.* Havia sempre questões prementes, para as quais era preciso dar respostas urgentes, a fim de que não viessem constituir riscos para o equilíbrio da sociedade burguesa. Assim, as próprias condições peculiares, através das quais foi dando-se a organização do processo de trabalho dos agentes sociais, criaram os espaços necessários para a fixação da identidade atribuída. Como algo fixo e imutável que "desce do céu à terra" (Marx e Engels, 1984, p. 37), a identidade atribuída, aderindo à prática social, instalou-se no seio da categoria profissional, ocupando o espaço privilegiado de referencial persistente da prática. As próprias demandas do capitalismo, ratificadoras de tal referencial, levavam a um uso regular e contínuo do mesmo, fazendo com que fosse sancionado pelo uso e referendado socialmente. Os ardis do capitalismo se presentificam de forma nítida nessa operação, através da qual a burguesia se apropria não só *da prática social mas também de seus agentes*. Criando a identidade atribuída, portanto delimitando aí os espaços permitidos para a realização da prática profissional e absorvendo os agentes por ela própria criados em seu aparato burocrático institucional, a classe dominante marcava inexoravelmente o vínculo entre a prática social e os interesses do capital. Alienando em um só momento tanto a própria prática quanto os seus agentes, pois estes já não mais se pertenciam, mas sim aos interesses do capital, a identidade atribuída ganhava um estatuto lógico próprio, assumindo a condição de elemento definidor da prática do Serviço Social na sociedade capitalista. Os donos do capital, enquanto mandantes da prática, proprietários dos meios de produção e compradores da força de trabalho, ratificavam a cada momento a identidade atribuída, demandando modalidades de prática que de alguma forma contribuíssem para a expansão do capital, para a ampliação da produção capitalista. A força penetrante da alienação, mecanismo básico do sistema capitalista, fortemente impregnado na prática social por ele criada, fez com que o próprio agente acabasse por ratificar a identidade atribuída, pela continuidade do uso. Caminhou-se assim para um verdadeiro fetichismo,[6] por intermédio do qual a *identidade atribuída é que foi fixada como elemento definidor da prática do Serviço Social*, ocultando tanto as relações sociais como suas intenções subjacentes. Assim, a *alienação, traço universal do capitalismo, verdadeira* condição histórico-social da existência nesse regime, concretizava-se na particularidade histórica do "fetiche da

6. O fetichismo é a manifestação histórico-concreta da alienação nos marcos da sociedade capitalista. A alienação se expressa no fato de os indivíduos não conseguirem se reconhecer ou se apropriar dos objetos que criam, enquanto partes constitutivas do homem social; por sua vez, o fetichismo caracteriza-se pelo fato de que tais produtos e relações aparecem necessariamente na forma de coisas, com estatuto ontológico similar às coisas naturais (cf. Netto, 1981, prefácio de Carlos Nelson Coutinho).

prática".7 Rompendo com o processo histórico e distanciando-se da teia de relações sociais, a prática social subordinava-se cada vez mais ao capital, perdendo sua dimensão social. Nesse movimento, a um só tempo alienado e alienante, ratificava-se a função econômica da prática social, verdadeiro signo da identidade atribuída do Serviço Social na sociedade capitalista, e ratificava-se também sua orgânica articulação com a classe dominante. Como resultado de todo esse processo, abriam-se amplos espaços para a produção de um percurso alienado, alienante e alienador de prática profissional, reprodutor da alienação, que enquanto fenômeno inscrito no modo de produção capitalista busca não só "fabricar a unidade social pela dissimulação de suas divisões internas" como também, "pela inversão imaginária do real, realiza a tentativa insensata de suprimir imaginariamente a fragmentação e os conflitos sociais" (Chaui, 1980, p. 66).

A ausência de movimento de construção de identidade fragilizara a consciência social dos agentes, impedindo-os de assumir coletivamente o sentido histórico da profissão. Suas práticas sucumbiam aos ardis do capitalismo. Ao invés de caminhar em direção ao fluxo histórico, dele se distanciavam, enfatizando-se cada vez mais seu caráter alienante, de uma prática genérica, ritualística, instituída, reprodutora dos mecanismos de alienação que são próprios da sociedade capitalista. Ratificados pela classe dominante, tais mecanismos criavam a dinâmica necessária ao fortalecimento da identidade atribuída e à fragilização da consciência social de seus agentes. Esta, assim como a identidade, produz-se historicamente através das diferentes formas de intercâmbio social, no processo de vida real de seus agentes, referenciando-se a um projeto mais amplo, também histórico e social, da própria sociedade. Como elemento fundante de todo o processo de apreensão e apropriação do real, é a consciência que se coloca na base da trajetória profissional, dando o sentido, a direção da caminhada,

---

7. O termo *fetiche* vem do latim *facticius* = feitiço, significando "artificial, fictício, factício" (cf. Cunha, 1982, p. 352). No sentido técnico em que está sendo utilizado, refere-se à teoria do fetichismo da mercadoria desenvolvida por Marx (1984, l. 1) sob o título "O fetichismo da mercadoria: seu segredo" (Cap. I, p. 4). Intrinsecamente ligada à sua teoria do valor, como esta procura ressaltar a forma peculiar assumida pelo trabalho na sociedade capitalista.

definindo as perspectivas de prática, anunciando as vias de ruptura da alienação. Assim, em uma sociedade de classes antagônicas, que tem na alienação e na contradição os seus elementos fundantes, a consciência social passa a se chamar perigo, razão pela qual a classe dominante envida todos os esforços para manter os agentes envoltos em uma grande malha alienante. "A consciência jamais pode ser outra coisa que o ser consciente, e o ser dos homens é o seu processo de vida real." (Marx e Engels, 1984, p. 37.) O processo de vida real dos agentes sociais, no que se refere às circunstâncias históricas e às condicionalidades materiais de sua prática na sociedade europeia do final do século XIX, foi altamente bloqueador do desenvolvimento da identidade profissional e da consciência histórico-crítica da categoria. A expansão do número de agentes foi notável no último terço do século XIX, tanto na Europa quanto nos Estados Unidos, é verdade que se alimentando da acumulação da pobreza, da generalização da miséria. Ao se iniciar o século XX, o Serviço Social estava presente na maior parte dos países europeus e também nos Estados Unidos, contando já com inúmeras sedes da Sociedade de Organização da Caridade. Sua identidade profissional era, porém, tão cheia de contradições e antagonismos, como o próprio regime que a criara. Seus agentes, saídos da burguesia, estavam agora a seu serviço, submetidos, portanto, à lógica do capital já não ocupavam espaços tão significativos na classe dominante. Para a classe trabalhadora, porém, sua face era a do poder, da desigualdade e da exploração capitalista, e não a face do trabalhador.

Não era, pois, nada confortável a posição dos agentes sociais, quando o século XX despontou no horizonte. Só mesmo o envolvimento com a malha alienante da sociedade burguesa podia protegê-los dessa constatação. A mesma alienação que eram levados a ratificar, através de sua prática fetichizada e mecânica, havia impedido o assumir coletivo do sentido histórico da profissão, transformando a prática social em uma prática indefinida, ambígua e não objetiva. "Um ser não objetivo é um não-ser [...] é um ser não efetivo, não sensível, somente pensado, isto é, apenas imaginado, um ser de abstração" (Marx, 1978, p. 41).

A prática social era, na verdade, uma prática plena de abstrações.

III

Serviço Social: Rompendo com a alienação

É preciso traçar um caminho próprio para atingir e exprimir a consciência de classe.

Ianni, 1968

O século XX e a "questão social"

Ao se abrirem as cortinas do palco histórico do século XX, não era possível prever com muita segurança o tipo de espetáculo que ali iria desenrolar-se. A Grande Depressão, arrastando-se por toda a Europa, espalhara seus efeitos, com maior ou menor intensidade, por todos os países. O aumento dos fluxos migratórios para os Estados Unidos testemunhava as crescentes dificuldades que se colocavam para o trabalhador europeu e sua família. Escapando quase ilesos da Grande Depressão, pois ali, mais jovem e saudável, o capitalismo expandia-se juntamente com a indústria ferroviária, os Estados Unidos constituíam um verdadeiro polo de atração para os trabalhadores empobrecidos e desempregados. Na Europa, a classe dominante concentrava seus esforços nas tentativas de recuperação da economia, buscando estratégias que lhe pudessem trazer a expansão de seu capital como retorno. A Grande

Depressão, através de um fluxo intermitente e sinuoso, prosseguia sua marcha, ora dando sinais de recuo, ora avançando ainda mais. Somente nos primórdios do século XX é que o quadro se tornou um pouco mais estável, determinando uma certa queda no nível de tensão reinante. Tratava-se, entretanto, de uma estabilidade fugaz, pois logo foi interrompida pelo conjunto de problemas políticos, sociais e econômicos que precederam a Primeira Guerra Mundial e a Revolução de 1917 na Rússia. Por outro lado, no plano da relação capital-trabalho, os avanços do movimento operário e o amadurecimento de seu processo organizativo mantinham a classe dominante em estado de permanente ansiedade. Ao longo do século XIX, os trabalhadores europeus haviam transitado da prática sindical, *stricto sensu*, para a prática política, desenvolvendo, nesse caminhar, importantes estratégias de luta. O próprio Estado burguês, capitulando diante das evidências, passara a considerar mais atentamente as pautas de reivindicações dos trabalhadores, rendendo-se, inclusive, à realização de negociações coletivas. A pressão dos trabalhadores era encarada com mais seriedade, sendo ponderável sua influência sobre a organização do processo de trabalho. O lastro construído através da prática sindical e a militância orgânica em suas associações e partidos haviam mudado a face do movimento trabalhista europeu. Assim, mesmo sem poder fazer previsões seguras sobre a marcha dos acontecimentos no século XX, pelo menos duas situações eram claras:

1ª) a "questão social" estava posta no centro do palco histórico, em toda a sua plenitude;

2ª) no confronto entre suas grandes personagens, o domínio de cena já não era mais do capital.

Foi na esteira do drama, atingindo quase o limiar da tragédia, que o século XX viveu a sua história. Despojando o capitalismo de suas máscaras e desfazendo as ilusões por ele criadas, mostrou a dura realidade que se apresentava para aqueles que alimentavam sonhos de progresso econômico e de estabilidade financeira.

A sociedade capitalista estava à beira do colapso, com uma economia deteriorada e com um quadro social bastante preocupante, em que os índices de desemprego cresciam e o pauperismo se generalizava. Se os anos iniciais da década haviam trazido a esperança da recuperação econômica e da melhoria do quadro social, a Primeira Guerra Mundial se encarregou de violentá-la brutalmente, substituindo-a pelo temor do que estava por vir. O final da terceira década do século XX foi marcado por uma crise econômica mundial muito mais densa e profunda do que todas as crises provocadas pela Grande Depressão. O desemprego atingia níveis alarmantes, tanto na Europa quanto nos Estados Unidos, porque não havia condições de absorção da mão de obra. A pobreza e todo o conjunto de problemas sociais a ela associados cresciam sensivelmente. As possibilidades de reversão desse quadro eram vistas de forma sombria pela classe dominante que, aliada ao Estado, conjugava esforços, tendo em vista a recuperação da economia. Nessa busca de reerguimento do capitalismo, o Estado foi assumindo um papel destacado na expansão dos investimentos e do mercado e a industrialização capitalista passou a se fazer com um elevado grau de monopólio. Criavam-se assim as bases para uma nova fase do capitalismo, o monopolista, em que a concorrência entre capitais industriais era substituída pelos monopólios.[1] Desenvolvendo mecanismos de absorção do excedente e com isso garantindo a manutenção do crescimento, os monopólios foram fortalecendo-se e com eles as alianças da classe dominante entre si, e com o próprio Estado. Desse fortalecimento do poder burguês, no início da década de 1930, resultou uma grande pressão sobre os trabalhadores para impedir sua marcha organizativa. Entre os anos de 1930 e 1940, até mesmo o direito de associação voltou a ser contestado, o que levou a uma coercitiva vigilância sobre a ação dos sindicatos. Houve um recrudescimento da coibição das práticas de classe e os mecanismos de controle dos movimentos dos trabalhadores tornaram-se altamente rigorosos. Tanto na Europa quanto nos Estados Unidos, os grandes empresários chegaram a constituir polícias particulares para vigiar os trabalhadores no sin-

---

1. A referência ao capitalismo monopolista tem aqui o sentido de acentuar um momento de transição histórica, sem pretender entrar no fecundo debate aberto a partir das formulações teóricas de Baran e Sweezy (1966). A recorrência a suas obras é indispensável para aprofundamento de tal temática. No conjunto das mesmas, destacam-se *A economia política do desenvolvimento* (1957) e *Capitalismo monopolista* (1966).

dicato e na própria fábrica. A violência atingia o sindicato como figura jurídica institucionalmente estabelecida, mas se voltava também contra seus membros, em especial aqueles que exerciam cargos de direção. Toda essa onda de repressão e violência só fez, porém, aumentar o poder de organização e a capacidade de luta da classe trabalhadora, que se tornava cada vez mais consciente de sua força enquanto classe. O clima de tensão envolvia permanentemente as relações sociais, afastando cada vez mais a possibilidade de um momento de restauradora tranquilidade. No cenário mais próximo, o que se via era a "questão social", que como uma onda fervilhante atemorizava a burguesia, como a lembrá-la da fragilidade da imperfeita ordem social que produzira. Assim como cresciam os impérios econômicos, à medida que o capitalismo monopolista ganhava solidez, crescia também a pobreza e generalizava-se a miséria. Ganhando até mesmo as ruas em busca de alimentos e auxílio pecuniário, o pauperismo bradava por um atendimento mais adequado. Era preciso encontrar novas formas de equacionamento da "questão social". A onda de problemas que assolara a Europa no século XIX, especialmente em sua segunda metade, além da Grande Guerra, que deixara marcas indeléveis em todo o tecido social, havia mudado a estrutura da sociedade. As novas estratégias de atendimento à "questão social" precisavam, portanto, levar em conta essa nova organização societária, em que operava uma renovada correlação de forças: de um lado um combativo proletariado, de outro uma defensiva classe dominante, ambos circundados por uma pauperizada e faminta massa de trabalhadores, já expulsos do mercado ou nele esperando adentrar.

Premida por essas circunstâncias históricas, a classe dominante, como era usual, foi socorrer-se com aqueles agentes que criara para cuidar do enfrentamento da "questão social". A essa altura, no curso da quarta década do século, o mundo já se preparava para uma Segunda Guerra Mundial. O número de assistentes sociais crescera, não só no continente europeu como também no americano, e sua prática já ganhara foro profissional propriamente dito. A mesma indeterminação que a caracterizava, quando o século XX dava os seus primeiros passos, continuava, porém, a envolver a categoria profissional.

Operando sempre com a identidade atribuída pelo capitalismo e realizando uma prática por ele determinada, o Serviço Social era "uma entidade global mítica, acima do mal e abaixo do bem",[2] ostentando um perfil de contornos inespecíficos e indefinidos.

Racionalização da prática da assistência

Antecedentes históricos

Trabalhar no contexto da estrutura e das relações sociais que peculiarizavam a sociedade do pós-guerra era a tarefa que a classe dominante reservava para os assistentes sociais naquele momento. Não se tratava de empreendimento de fácil execução, pois historicamente a realização da prática assistencial esteve bastante distanciada das relações sociais, associando-se mais à noção de caridade.[3]

Desde a antiguidade há referências à prática da assistência com essa conotação. No velho Egito, na Grécia, na Itália, na Índia, enfim, nos mais diferentes pontos do mundo antigo a assistência era tarefa reservada às confrarias, que têm sua origem nas Confrarias do Deserto, cujo surgimento remonta a 3.000 anos antes de Cristo, com o objetivo de facilitar a marcha das caravanas no deserto. Muitos anos mais tarde, porém ainda na época pré-cristã, as confrarias se estenderam para as cidades buscando, por analogia, ajudar a caminhada daqueles que sofriam, seja por privações, pela dor, por doenças, perdas ou rupturas. A ajuda, nessa fase da história da humanidade, concretizava-se na esmola esporádica, na visita domiciliar, na concessão de gêneros alimentícios, roupas, calçados, enfim, em bens materiais indispensáveis para minorar o sofrimento das pessoas necessitadas.

---

2. Expressão utilizada por Oliveira (1987, p. 38) referindo-se ao espaço da "não identidade", o espaço da classe sem identidade de classe.

3. Para realização desta análise histórica, buscamos subsídios em Richmond, 1950; Ander-Egg, 1975; Yazbek, 1980; Miguel, 1980; Iamamoto e Carvalho, 1982; Manrique Castro, 1984; Verdès-Leroux, 1986; Maguiña, 1977; Parodi, 1978.

Entre os judeus, essas práticas, em especial a de visitas domiciliares, eram também usuais, destinando-se principalmente às viúvas, órfãos, idosos e enfermos.

A reflexão sobre a melhor forma de realizar a assistência e, sobretudo, de conceder a esmola envolveu, em suas respectivas épocas, filósofos gregos e latinos, entre os quais se distinguiram Aristóteles, Platão, Sêneca e Cícero.

O posicionamento desses filósofos apontava para a necessidade de se racionalizar a prestação da assistência, eliminando-lhe o caráter de manifestação meramente eventual ou episódica.

Com o advento do cristianismo, a assistência ampliou a sua base, fundamentando-se não só na caridade mas especialmente na justiça social. Enfatizava-se também a dimensão espiritual da assistência, nessa nova fase.

Ao lado da ajuda material, colocava-se a preocupação com as questões da vida espiritual: conforme registram os Evangelhos, os próprios apóstolos tinham, entre suas missões, a realização da assistência, especialmente aos mais humildes.

Com a organização da Igreja Católica, essa tarefa foi delegada aos diáconos — membros leigos da Igreja — e logo em seguida estendida às confrarias. Suas ações se ampliaram, passando a envolver a realização de inquéritos sociais, além das visitas domiciliares para constatação das necessidades dos solicitantes de ajuda.

A organização da prática da assistência, como expressão de caridade cristã, além de ter integrado o temário de vários concílios, foi objeto de preocupação de muitos teólogos e membros destacados da Igreja, como São Paulo, São Domingos, Santo Agostinho, Santo Ambrósio, São Francisco, São Bernardo e São Bento, entre outros.

O grande organizador da doutrina cristã foi, porém, Santo Tomás de Aquino (1224-1274), situando a caridade como um dos pilares da fé, imperativo de justiça social aos mais humildes.

Ao longo do tempo, inúmeros foram os caminhos trilhados pela assistência, assim como as formas operacionais adotadas para concretizá-la, porém um elemento se manteve sempre a ela vinculado, constituindo um verdadeiro sinal indicativo de sua prática: a caridade para com os pobres.

Contudo, em nome da verdade histórica, é indispensável que se revele que muitas práticas de exploração, de repressão e de dominação política e ideológica foram realizadas sob a denominação de caridade.

Desde a era medieval e avançando para épocas mais recentes, que atingiram até mesmo o século XIX, a assistência era encarada como forma de controlar a pobreza e de ratificar a sujeição daqueles que não detinham posses ou bens materiais. Assim, seja na assistência prestada pela burguesia, seja naquela realizada pelas instituições religiosas, havia sempre intenções outras além da prática da caridade. O que se buscava era perpetuar a servidão, ratificar a submissão.

A própria Igreja Católica, à medida que caminhou em seu processo organizativo como instituição, foi distanciando-se dos pobres e aliando-se à burguesia. Não obstante continuasse a proclamar a importância da caridade aos mais humildes, suas propostas e ações só aprofundavam o fosso que os separava dos poderosos.

As questões temporais tornaram-se mais relevantes que as espirituais, levando a Igreja Católica a se envolver em lutas pelo poder, em disputas por terras e propriedades.

O século XIV a encontrou envolvida em grande crise e praticamente à mercê dos banqueiros italianos, em especial dos florentinos. O papa, figura máxima da Igreja Católica, deixara de ser um líder espiritual e religioso, despontando já nesse século e mais ainda no seguinte como um verdadeiro monarca.

A espiritualidade religiosa foi substituída por uma preocupação mercenária que tornou a Igreja insensível à sorte de milhões de camponeses que viviam em um regime de brutal servidão.

O tráfico mercantil penetrara tão fundo na estrutura da Igreja que a venda de indulgências e do perdão tornara-se um fato natural no século XVI. Não, porém, para o monge e teólogo agostiniano, Martim Lutero (1483-1546), que, indignando-se com a falta de moralidade e de espírito religioso do Vaticano, colocou-se publicamente contra o mesmo e contra o tráfico mercantil por ele sancionado. Apoiando-se na própria doutrina da Igreja, da qual era profundo conhecedor, como doutor em Teologia pela Universidade de Wittenberg, em 1517, publicou uma crítica rigorosa, contendo 95 contestações à mercantilização das indulgências e do perdão.

Abriram-se as portas para a Reforma Religiosa, da qual a Igreja saiu dividida em dois campos: o catolicismo e o protestantismo, que tem em Martim Lutero o seu criador.

Declarado herege pelo papa Leão X e por ele excomungado em 1520, o fundador do protestantismo atraiu para sua doutrina um grande número de adeptos, entre os quais uma verdadeira massa de camponeses. Passou a difundi-la, proclamando a supremacia da fé em relação à caridade, da religiosidade interna em vez das manifestações externas.

O cumprimento dos princípios da fé era responsabilidade de cada pessoa e a organização da prática da assistência, responsabilidade do Estado e não da Igreja, segundo seus ensinamentos.

Durante o período das inúmeras lutas religiosas desencadeadas pela Reforma Luterana, a prática da assistência passou por várias alterações, das quais a mais significativa foi a sua organização em bases laicas e não mais religiosas. Alemanha, Inglaterra e Estados Unidos são países que exemplificam bem essa tendência, pois sofreram forte influência das novas ideias trazidas pelo protestantismo.

Alguns países de forte tradição católica, como Itália e Espanha, esboçaram alguma reação por suas igrejas perderem as rédeas do processo de organização da assistência, mas nada houve de grande significado histórico nesse campo.

Foi somente no século XVII, portanto um século após a Reforma, na França, que São Vicente de Paulo tentou restabelecer as bases cristãs da assistência, recuperando o esquema das confrarias e envolvendo os leigos em sua prática. Suas ideias tiveram grande repercussão e atraíram muitos seguidores, porém o mesmo local onde floresceram foi palco da Revolução Francesa, no século seguinte. A organização societária e a ordem jurídica que decorreram dessa Revolução, de natureza marcantemente política, deslocaram de novo a base da assistência, posicionando-a como um direito do cidadão e atribuindo a todos o dever de prestá-la. Ao ser deixada pelo Estado na mão de todos, na verdade a assistência ficava na mão de ninguém, relegada ao limbo da indeterminação. Tal indeterminação interessava à classe dominante naquele momento, porque ao ficar ao seu livre-arbítrio a assistência se prestava, inclusive, a ser uma estratégia de domínio de classe, de fortalecimento da submissão. As próprias circunstâncias históricas logo se encarregaram de mostrar que o poder da burguesia não era eterno como ela desejava, tampouco os trabalhadores eram uma massa de submissos, como ela usualmente os considerava. Antes mesmo de finalizar a primeira metade do século XIX, estes deram ao mundo um testemunho vivo de seu espírito de luta, do vigor de sua combatividade. A marcha histórica por eles desenvolvida ao longo do século XIX tornara impossível deixar de reconhecer a sua força política e a sua presença de classe.

A tarefa de racionalizar a assistência impusera-se ao final da primeira metade do século XIX, pois os trabalhadores revelavam-se inarredáveis de sua causa, não obstante tivessem sofrido importantes derrotas naquele momento. Da aliança da alta burguesia inglesa com a Igreja e com o Estado nascera, sob a iniciativa da primeira, a Sociedade de Organização da Caridade. Em seus esforços de racionalizar a assistência, ela criara *a primeira proposta de prática para o Serviço Social* no terço final do século XIX. Entendia a Sociedade que só coibindo as práticas de classe dos trabalhadores, impedindo suas manifestações coletivas e mantendo um controle sobre a "questão social" é que se poderia assegurar o funcionamento social adequado.

Da *função econômica da assistência*, conforme concebida pela burguesia — garantir a expansão do capital —, decorreu então outra igualmente importante — *a função ideológica* —, que aderiu fortemente à prática social, expressando-se através da tácita ou explícita repressão sobre a organização da classe trabalhadora e sobre sua expressão política.

Além desta função ideológica, que caracterizava a estratégia da burguesia para conter aquela ameaça que mais a atemorizava — a ameaça política representada pelo avanço do movimento operário —, uma outra importante função foi desenvolvida, ainda como desdobramento da econômica.

Trata-se da *função de controle* propriamente dito, representando a resposta da burguesia à ameaça social que decorria da acelerada expansão da pobreza e da generalização da miséria. O sentido de tal função era o rigoroso controle do processo social e das condições de vida da massa pauperizada, ajustando-as aos padrões estabelecidos pela sociedade burguesa constituída.

A tarefa assumida pela Sociedade de Organização da Caridade — racionalizar a assistência e reorganizá-la em bases científicas — acabou constituindo, na verdade, uma estratégia política através da qual a burguesia procurava desenvolver o seu projeto de hegemonia de classe. Ganhando uma dimensão econômica bastante evidente, a assistência posicionava-se como um, entre outros, mecanismo acionado pelo Estado burguês para garantir a expansão do capital.

Foi com essa conotação que a prática da assistência se desenvolveu ao longo do tempo, atendendo aos interesses e objetivos da burguesia. O mundo do primeiro pós-guerra era, porém, bastante complexo, fortemente marcado pelas circunstâncias históricas que engendraram a guerra e pelos impactos por ela produzidos. Os problemas políticos, sociais e econômicos, de grande dimensão, exigiam medidas igualmente amplas. O movimento dos trabalhadores tornara-se cada vez mais organizado politicamente e *o proletariado era uma presença marcantemente significativa no cenário social*, não obstante todos os esforços em contrário da burguesia. A essa altura, a pobreza era um fenômeno mundial, de massa, exigindo medidas urgentes dos governantes e das autoridades ligadas à área social. Mais uma vez era preciso rever os mecanismos e estratégias operacionais da prática social, e mais uma vez a classe dominante se uniu à Sociedade de Organização da Caridade, cobrando-lhe medidas mais globais e de maior efetividade para a "questão social". O pioneirismo da Inglaterra na organização da assistência social e o relevante papel ocupado por sua Sociedade de Organização da Caridade, a primeira de todo o continente europeu, valiam-lhe sempre uma posição de destaque nas discussões dessa matéria.

As circunstâncias específicas de sua história e o fato de ter sido a Inglaterra o berço tanto da Revolução Industrial quanto do movimento trabalhista europeu impulsionaram-na desde cedo a buscar respostas para o equacionamento da grave "questão social".

Já em 1816, John Brunnel Davis, membro da burguesia, fundava em Londres um Centro de Proteção à Infância. Baseando-se nos ensinamentos do humanista católico espanhol Juan Luis Vives, contidos em seu livro *De subvencione pauperum* publicado em 1525, organizou um grupo de visitadoras domiciliares voluntárias. A obra de Vives tornou-se um clássico sobre a organização da assistência e teve larga penetração na Inglaterra, Alemanha e Estados Unidos, países marcadamente protestantes, não obstante a origem católica de seu autor.

Sua influência se fez presente também nas iniciativas do pastor Thomas Chalmers, inglês radicado em Glasgow, que defendia em sua paróquia a ideia de a caridade tornar-se uma ciência, operacionalizando-se a partir de normas e critérios científicos, o que levaria à eliminação de qualquer risco de envolvimento emocional entre os agentes e aqueles que recebiam a assistência.

Ao longo do tempo, a higiene e a educação foram colocando-se como atividades complementares da assistência, o que levou o filantropo inglês Jeremy Bentham a propor em Londres, ainda no final do século XVIII, a criação de um Ministério da Saúde Pública, englobando essas três áreas. Seu discípulo, Edwin Chadwick, em 1828 liderou uma campanha para que a ideia de seu mestre se tornasse realidade. Encontrou uma sociedade já bastante receptiva à proposta e bem preocupada com a questão da saúde, pois os índices de morbidade atingiam níveis alarmantes na Inglaterra, a esta altura. As sofríveis condições de vida da classe trabalhadora tornavam-na presa fácil das doenças endêmicas, epidêmicas e profissionais que grassavam nas vilas operárias. As próprias autoridades da área de saúde eram obrigadas a reconhecer que havia uma relação causal direta entre as condições de vida e a elevação do nível de morbidade e de mortalidade na classe trabalhadora. O relatório do dr. P. H. Holland, autoridade sanitária que no exercício de suas funções visitou os arredores de Manchester em 1844, comprovava cabalmente essa situação. Após classificar os imóveis e as ruas em três categorias, o dr. Holland constatou que a mortalidade "nas ruas de terceira categoria era 68% mais elevada que nas ruas de primeira" e "78% mais elevada nos imóveis de terceira categoria". Em seu relatório, publicado em 31 de julho de 1844 no jornal inglês *Manchester Guardian*, concluiu com uma observação bem própria da moral burguesa:

> Quando verificamos que em algumas ruas a mortalidade é quatro vezes superior que em outras, e que é, em certas categorias de ruas, duas vezes mais elevada que outras; quando além disso verificamos que ela é invariavelmente baixa nas ruas bem conservadas, não podemos deixar de concluir que um grande número dos nossos semelhantes, que centenas dos nossos vizinhos mais próximos, são mortos (*destroyed*) todos os anos por falta das mais elementares precauções.[4]

A condição de classe do trabalhador atravessava, portanto, não somente sua vida, mas também a própria morte. O signo da desigualdade, sempre presente, da mesma forma que marcava sua vida, insidiosamente engendrava a sua morte, sob o olhar cúmplice das autoridades e da classe dominante.

O agravamento da situação dava-se de forma tão intensa que em 1845, Disraeli, membro da alta burguesia inglesa, publicou um livro, *As duas nações*, em que descrevia os contrastes entre a próspera Inglaterra dos ricos e a opressiva Inglaterra dos pobres. Tal obra não produziu nenhuma alteração significativa na situação da pobreza no país, porém foi muito importante para seu autor, abrindo-lhe as portas da corte inglesa, da qual se tornou membro, com o título de lorde Beaconsfield, e acabou por ser constituído ministro da rainha Vitória.

Em 1851, Florence Nightingale, pertencente à mais alta sociedade inglesa, tendo tomado conhecimento de trabalhos que se desenvolviam na Alemanha pelas diaconisas, e na França pelas irmãs de caridade, resolveu estagiar naqueles locais para melhor conhecê-los. Em ambos, o que estava presente era a preocupação com os doentes e com os pobres e a realização de visitas domiciliares, como forma de atenuar seus sofrimentos físicos e sociais. A partir desses estágios, Nightingale

4. Tanto os dados aqui referidos como o excerto do relatório apresentado foram colhidos em Engels (1985, p. 126-27).

realizou as ações que a notabilizaram como reformadora da enfermagem e da administração hospitalar. Em 1859, sob sua influência, o filantropo burguês William Rathbone fundou o primeiro serviço de enfermagem domiciliar em Liverpool, na Inglaterra.

Em 1865, em Londres, Octavia Hill iniciou um trabalho de educação familiar e social com os moradores de três casas, adquiridas para esse fim pelo escritor John Ruskin.

Os resultados de seu trabalho animaram o filantropo Edward Denison a realizá-lo em outro bairro de Londres, ampliando-o para as questões de higiene e saúde, como médico que era. Ainda que animadores, tais resultados eram irrelevantes diante da complexidade da conjuntura histórica que caracterizava a realidade europeia naquele final da década de 1860. No plano econômico, respirava-se já um clima de crise, que prenunciava a Grande Depressão; no social, convivia-se com o fenômeno da expansão do pauperismo e de seu séquito de problemas, e no político divisava-se um combativo proletariado, unido em suas entidades representativas e com uma clareza muito maior do sentido de suas lutas. Estrategicamente recuados, porém politicamente ativos, os proletários eram para a burguesia como um "raio em céu sereno",[5] sempre lembrando-a de que a qualquer momento o seu "bom tempo" poderia transformar-se em tempestade. Assim, mais do que o atendimento pulverizado de questões particulares, realizado com pessoas individualmente, o que a burguesia desejava era uma prática social capaz de conter tais impactos e afastar os grandes perigos que a ameaçavam. Entendia a burguesia que a regularidade do processo social era fundamental para a manutenção e ampliação da produção capitalista e no comando de tal processo é que desejava situar a Sociedade de Organização da Caridade. Aprisionada pela visão do mundo e da burguesia, que considerava possível submeter o processo histórico aos seus objetivos e interesses, tal Sociedade assumiu de forma exemplar a sua irrealizável missão.

Os trabalhos pioneiros de educação familiar e social de Octavia Hill e seus colaboradores constituíram importantes referências para o

5. Expressão utilizada por Marx (1987), ao se referir ao golpe de Estado contrarrevolucionário na França, realizado em 2/12/1851 por Louis Bonaparte e seus partidários.

desenvolvimento da ação social com famílias de operários. A influência de Florence Nightingale, situando a visita domiciliar como um dos mais eficientes instrumentos para a realização de ações educativas, foi também marcante no processo de racionalização da assistência e de sua organização em bases científicas.

O contato direto com a família operária era muito valorizado nessa época, pois, segundo a concepção da burguesia, tanto seus problemas de subsistência como suas reivindicações no contexto de trabalho eram relacionados com "problemas de caráter". Foi com base nessa concepção que a Sociedade de Organização da Caridade adotou e difundiu a ideia da assistência social como uma ação de "reforma do caráter".

Solidarizando-se com essa perspectiva e assumindo um papel de grande destaque não só na Sociedade de Organização da Caridade como também no processo mais amplo de reorganização da assistência, em 1875 Charles Loch iniciou seus trabalhos nessa área, da qual não mais se afastou ao longo de sua vida.

Retomando as práticas de educação familiar, desenvolvidas pioneiramente por Octavia Hill, procurou incentivar sua expansão. Sem negar o valor da visita domiciliar, em especial naqueles casos em que houvesse questões de saúde envolvidas, enfatizou muito o fato de se ter um local destinado ao atendimento da família trabalhadora, ou dos segmentos mais pauperizados da população. Experiências dessa natureza foram multiplicando-se, fazendo com que Loch se convencesse cada vez mais da importância de seu valor estratégico. Um dos desdobramentos mais significativos desse trabalho de educação familiar abrangendo questões de higiene e saúde, e realizado em local destinado a esse fim, ocorreu em 1884, quando o pastor Samuel Barnett e sua esposa Henriette Rouland, colaboradora de Octavia Hill, criaram em Londres um Centro de Ação Social. Dedicado ao trabalho com famílias de operários e com os pobres em geral, recebeu o nome de Toynbee Hall, em homenagem ao educador e professor de Oxford, Arnold Toynbee.

Estava aí a base do organismo que a Sociedade de Organização da Caridade iria assumir e divulgar como o mais adequado para a realização da prática da assistência: o *settlement* inglês, precursor das agências e centros sociais. Charles Loch e seus colaboradores continuaram desenvolvendo intensa atividade no sentido de reorganizar a assistência, de acordo com os padrões estabelecidos pela sociedade burguesa constituída. Isso lhes valia um permanente apoio e uma irrestrita solidariedade da classe dominante. Antes mesmo de finalizar a década de 1880, o Estado burguês passou a receber em suas instituições de saúde o assistente social como um membro colaborador de suas equipes. A Sociedade de Organização da Caridade viveu momentos de grande expansão, atravessando as fronteiras do continente europeu. Em 1882, Josephine Shaw Lowell fundou em Nova York a primeira sede americana da Sociedade; em 1907, portanto apenas vinte e cinco anos após, os registros apontavam para a existência de 180 sedes naquele país.

Ao crescimento físico da Sociedade de Organização da Caridade correspondeu um significativo prestígio, fazendo com que ao final do século XIX e início do século XX essa fosse a instituição de maior porte no âmbito da assistência social. Sua principal bandeira de luta era a organização científica da assistência, o que a levava a uma posição bastante alienada do agravamento da "questão social" propriamente dita. Não se dando conta de que eram "úteis e inclusive necessários por causa da deficiente organização da sociedade" e de que deviam "sua existência à existência dos males sociais" (Marx, 1979, p. 206), os agentes lutavam pela expansão da Sociedade e pela ampliação de seu próprio efetivo. Já em 1893, a sede inglesa da Sociedade ofereceu um primeiro Curso de Formação de Visitadores Sociais Voluntários, em Londres.

A boa acolhida dessa iniciativa levou à realização de novos cursos da mesma natureza, nas cidades americanas de Wisconsin e Cincinatti, em 1894. O agravamento da situação social nos Estados Unidos, nos difíceis anos da Grande Depressão, marcados por crises e problemas de toda ordem, determinara uma expressiva elevação do nível de interesse da burguesia americana pela prática da assistência social.

Sob a influência da Sociedade de Organização da Caridade, os agentes voluntários já vinham desenvolvendo ali algumas atividades assistenciais, para as famílias mais pauperizadas da classe trabalhadora.

A visita domiciliar era a prática mais usual, situando-se como um instrumento que permitia atingir um duplo objetivo: conhecer *in loco* as condições de moradia e de saúde da classe trabalhadora e de socializar o "modo capitalista de pensar".

O uso regular dessa prática remontava a vários séculos, na verdade, pois foi regularmente utilizada pelos inspetores e comissários da Lei dos Pobres para fiscalizar as condições de vida das pessoas por ela atendidas. Desde quando promulgada pela rainha Elisabeth, em 1597, previa já a figura de seus executores. Em 1834, por pressão da classe trabalhadora, foi reformulada, porém cedendo à força da burguesia manteve a mesma rigidez original, como também o papel fiscalizador dos comissários e inspetores. Na década seguinte, valendo-se de estratégias mais ágeis, os trabalhadores conseguiram que o Parlamento mais uma vez colocasse em exame a Lei dos Pobres, que recebeu um aditamento, então. Em uma sociedade de classes antagônicas, as ações do Estado tendem a ser favoráveis aos interesses da classe dominante, e assim o referido aditamento, em vez de acolher as petições dos trabalhadores, *reforçou o caráter punitivo e intimidativo da Lei dos Pobres*. Perseverando em sua concepção de pobreza e de contestação à ordem estabelecida como problemas de caráter, a burguesia assumia com mãos de ferro o controle sobre a situação dos trabalhadores e dos pobres. A visita domiciliar continuava a ser utilizada com "fins de inspeção", e as instituições de beneficência previstas na lei deviam educar o trabalhador para que se tornasse "dócil relativamente à política e à religião reinantes" (Engels, 1985, p. 267). Houve uma onda de revolta dos trabalhadores contra essa nova Lei dos Pobres, porém, como a correlação de forças naquele momento favorecia a burguesia, ela continuou a ser executada. A visita domiciliar e o inquérito com muita frequência eram utilizados, então, como instrumento de intimidação do trabalhador ou de fiscalização de sua vida pessoal e familiar.[6] A desconfiança contra os trabalhadores era grande, até mesmo seus problemas de saúde eram encarados como estratégias para fugir das árduas jornadas de trabalho.

---

6. Veja-se a respeito o *Manual de Organização da Caridade*, de S. Humphreys Gurteen, publicado em Buffalo, em 1882, onde o autor se refere ao inquérito com fim repressivo.

Suas faltas eram rigidamente controladas e acionados austeros mecanismos punitivos para coibi-las. Todo empenho era feito para que se mantivessem continuamente integrados ao circuito do trabalho, garantindo a regularidade do processo de produção.

Na Sociedade de Organização da Caridade havia muitas manifestações contra o uso do inquérito domiciliar com fins repressivos e coercitivos. Octavia Hill, em Londres, e Josephine Shaw Lowell, em Nova York, defenderam em diferentes ocasiões a sua utilização, tanto para regularizar a concessão de auxílios quanto para promover a reintegração social do indivíduo, conforme proposta de Nightingale. Nessa mesma perspectiva, Edward Devine, secretário da Sociedade de Organização da Caridade de Nova York, posicionou-se em 1897, mostrando a importância de se lutar não só pelo uso adequado do inquérito domiciliar como também pela qualificação dos visitadores voluntários.

Nessa fase final do século XIX, a preocupação com a qualificação dos agentes profissionais era geral nas Sociedades de Organização da Caridade, tanto da europeia quanto da americana, uma vez que seu número crescera muito e se tornava imperioso capacitá-los para o enfrentamento da "questão social", sensivelmente agravada por um decadente regime capitalista e por uma esclerosada ordem social burguesa.

Criação das escolas e profissionalização do Serviço Social

Partilhando plenamente da tese que postulava a criação de escolas de Serviço Social como forma de qualificar os agentes para o exercício profissional, Mary Richmond, da Sociedade de Organização da Caridade de Baltimore, exerceu importante papel no sentido de torná-la realidade. Além de difundi-la, durante a realização da Conferência Nacional de Caridade e Correção, em 1897, em Toronto, propôs que se criasse uma escola para o ensino de Filantropia Aplicada. Visualizando o inquérito como um instrumento de fundamental importância para a realização do diagnóstico social e, posteriormente, do tratamento, acreditava Richmond que só através do ensino especializado poder-se-ia obter a necessária qualificação para realizá-lo.

A força de suas argumentações levou Devine a acolher sua sugestão de organizar um curso destinado à aprendizagem da ação social ou, como o queria Richmond, à *aprendizagem da aplicação científica da filantropia*. Tal curso realizou-se em Nova York em 1898. Seu desdobramento mais significativo ocorreu no ano seguinte naquele mesmo local, com a criação da primeira Escola de Filantropia Aplicada (*Training School in Applied Philantropy*).

O impulso trazido pela criação da Escola foi muito importante para a sistematização do ensino do Serviço Social, bem como para o seu processo de profissionalização e institucionalização.

Sob responsabilidade da Sociedade de Organização da Caridade passaram a ser ministrados cursos regulares destinados à formação de agentes sociais voluntários. A influência de Richmond foi marcante nesse processo, devendo-se a ela a organização e a regência dos primeiros cursos de Filantropia Aplicada.

Acolhendo a concepção dominante na sociedade burguesa de que aos problemas sociais estavam associados problemas de caráter, *Richmond concebia a tarefa assistencial como eminentemente reintegradora e reformadora do caráter*. Atribuía grande importância ao diagnóstico social como estratégia para promover tal reforma e para reintegrar o indivíduo na sociedade.

Na própria Sociedade de Organização da Caridade havia divergências sobre essa tese que dava à assistência a conotação de uma ação reformadora, de natureza individual. Mary Follet e Jane Adams, companheiras de Richmond, consideravam que a ação social devia voltar-se para a harmonização das relações industriais, para a administração dos conflitos sociais, portanto atuando em um nível mais global.

A tese de Richmond, mais reacionária, sensibilizava muito a burguesia, que entendia que aquele tipo de prática respondia à função econômica da assistência, de modo indireto, uma vez que a ação social individual, seja "reformando o caráter", seja promovendo a melhoria das condições de saúde, contribuía para a recolocação do trabalhador no mercado de trabalho.

Por outro lado, mesmo não sendo propriamente burguesa, Richmond gozava de grande prestígio na Sociedade de Organização da Caridade, além de ter muita aceitação na burguesia, o que favorecia a penetração de suas ideias. Assim, foi com base em sua tese que a ação social filantrópica caminhou em seu processo de institucionalização tanto do ensino como da profissionalização.

Antes mesmo de finalizar o século XIX, ainda no ano de 1899, foi fundada a primeira escola europeia, em Amsterdã, Holanda. Nesse mesmo ano, Alice Salomon iniciou em Berlim cursos para agentes sociais, que acabaram por dar origem à primeira escola alemã em 1908.

A complexa conjuntura histórica mundial naquele momento de viragem do século, marcada tanto por crises internas nos países quanto por conflitos políticos mais amplos, determinava uma elevação considerável do nível de tensão da sociedade. A "questão social" encontrava-se em plena efervescência em um mundo que se preparava para as grandes guerras mundiais, para a Revolução Russa e tantos outros embates que marcaram o século XX.

Tanto quanto possível, a ação social realizada a partir de ensinamentos científicos e procedimentos técnicos era crescentemente demandada pelo Estado burguês, que necessitava em seu aparato burocrático-institucional de profissionais com conhecimentos de relações humanas e sociais.

Os cursos destinados à formação de agentes sociais multiplicaram-se pela Europa e pelos Estados Unidos. Em 1908, fundou-se na Inglaterra a primeira escola de Serviço Social, não ainda com essa denominação, porém já incorporada à Universidade de Birmingham. Logo em seguida foram fundadas duas escolas em Paris, uma em 1911, de orientação católica, e outra, em 1913, de orientação protestante.

A essa altura já não era mais possível conter a expansão dos cursos destinados ao preparo técnico-científico de pessoal qualificado para a ação social.

Havia, de um lado, uma conjuntura histórica especialmente grave, na qual estava gestando-se a Primeira Guerra Mundial, e de outro, a enfática ação da Sociedade de Organização da Caridade, no sentido de se ampliar o número de agências formadoras de pessoal especializado. Ao final da Segunda Guerra Mundial, já se encontravam em funcionamento cerca de duzentas escolas distribuídas pela Europa, pelos Estados Unidos e pela América Latina, onde se instalaram a partir de 1925.

Relacionando-se, não casualmente, na sua origem, com o agravamento da "questão social" dos países que as abrigavam, o surgimento das escolas não pode ser dissociado de um contexto político e histórico mais amplo. Sua trajetória se deu em meio a um complexo quadro social em que se combinavam questões políticas, ambições colonialistas de países poderosos e corrida armamentista internacional, variáveis complementadas pelo processo de consolidação e expansão do capitalismo em escala mundial.

Em tal conjuntura, uma ação que se operacionalizava como uma estratégia de controle social adquiria uma importância cada vez mais significativa. Na verdade, desde os anos iniciais do século XX, graças aos esforços da Sociedade de Organização da Caridade e ao empenho pessoal de Richmond, a prática da assistência vinha caminhando em direção à profissionalização.

A expansão das escolas desempenhou também um papel importante nesse sentido, referenciando a ação assistencial ao domínio de conhecimentos e procedimentos técnicos especializados. A prática da assistência já não era mais tão só uma expressão pessoal de caridade ou o produto eventual de uma motivação religiosa; vinculava-se a objetivos mais amplos e apoiava-se em bases mais consistentes; realizá-la implicava conhecer seus fundamentos, dominar os procedimentos que lhe eram próprios. Insinuavam-se já aí o pensamento corporativista e a ideia de organização profissional, verdadeiras bandeiras de luta da Sociedade de Organização da Caridade, por um longo período.

A organização profissional não tinha por objetivo imediato a inserção nos quadros da divisão social do trabalho. Sua intenção primeira, e preocupação maior, era marcar de forma inconfundível a ação desses filantropos, ou reformadores sociais, como se denominavam os membros da Sociedade de Organização da Caridade, distanciando-a das práticas feudais e pré-capitalistas e apresentando-a como uma nova forma de abordagem da "questão social".

Nesse sentido é que até mesmo a denominação da atividade por eles desenvolvida passou a ser objeto de preocupação dos membros da Sociedade. O uso de termos como ação social, bem-estar social, assistência social, beneficência, caridade, filantropia aplicada impedia que se tivesse uma ideia clara da natureza de sua ação. Richmond, que desde a criação da primeira Escola de Filantropia Aplicada vinha utilizando a expressão *trabalho social*, passou a fazê-lo de forma cada vez mais sistemática. Em um trabalho de 1907, *O bom vizinho na cidade moderna*, procurou elucidar a ideia do que era o trabalho social, situando-o como *uma operação essencial para a reintegração social do ser humano*.[7]

Recebeu o mais amplo apoio da sociedade burguesa e do próprio Estado, que ardilosamente viam nessa nova denominação uma forma de granjear aceitação dos trabalhadores para uma prática que eles não legitimavam. Dar à prática da assistência social o título de "trabalho social" mostrava-se útil à burguesia, pois a ajudava a ratificar a ideia, na classe trabalhadora, de que era uma prática criada para atender ao trabalhador e à sua família e de que o agente profissional também era um trabalhador.

A forte influência dos ensinamentos de Florence Nightingale, a quem muitas vezes se referiu como uma "pioneira do Trabalho Social", fez com que Richmond atribuísse muita importância à prática individual da assistência, sempre que possível realizada através do inquérito domiciliar. O diagnóstico social ocupava para ela um papel de destaque e o caminho para obtê-lo era o inquérito realizado no próprio domicílio das pessoas, de preferência.

A firme convicção quanto à eficácia desse instrumento e à importância da visita domiciliar levou Mary Richmond a estabelecer como objetivo de seus primeiros cursos o preparo de visitadoras domiciliares (*home visitors*), o que absorvia e ampliava a ideia das "visitadoras de saúde" (*health visitors*), criadas por Nightingale.

---

7. Veja, neste sentido, sua obra *Diagnóstico social*, especialmente o Capítulo I, "Origens".

Foi através do trabalho dessas visitadoras sociais domiciliares que o Serviço Social iniciou suas primeiras atividades nas instituições públicas americanas.

Boston, Massachusetts e Chicago foram as primeiras cidades nos Estados Unidos a instituir a presença do assistente social nos tribunais de justiça para atuar nos casos em que houvesse crianças. Em 1899, em Chicago, as associações femininas e os grupos de defesa da família e da criança conseguiram a aprovação de uma lei que criava os Tribunais da Infância, em que só podiam atuar os juízes especializados. Para o exercício de sua função, tais juízes deviam recorrer a audiências privadas e contar com a colaboração das visitadoras domiciliares para a realização do inquérito. Essas medidas visavam proteger as crianças da voracidade do capitalismo, que, envolvendo-as em suas malhas como força de trabalho, delas exigia um rendimento semelhante ao do adulto.

Em Nova York, desde o início do século XX, os assistentes sociais vinham trabalhando com as equipes de saúde no tratamento e profilaxia dos inúmeros e frequentes casos de tuberculose. Foi, porém, em 1905 que o dr. Richard Cabot criou o primeiro Serviço Social Médico de que se tem notícia, inserindo-o na estrutura organizacional do Hospital Geral de Massachusetts. Reconhecendo na ação do Serviço Social valioso instrumento tanto para o diagnóstico quanto para o tratamento médico-social dos pacientes ambulatoriais ou internados, o dr. Cabot considerou-o indispensável nas equipes de saúde. Sua tese ganhou muitos adeptos, e vários hospitais, iniciando-se pelo de Boston, passaram a demandar a presença daquele profissional.

O trinômio higiene, educação e saúde, que caracterizava o Serviço Social na época, foi o que impulsionou a criação de um novo campo de ação, dessa feita na área escolar, destinando-se a crianças com problemas de aprendizagem. Sua passagem pela escola precisava dar-se do modo mais rápido possível, pois a criança era também força de trabalho e de baixa remuneração.

Nova York e Boston, graças à eficiente ação das sedes locais da Sociedade de Organização da Caridade, foram as primeiras cidades americanas a contar com esse recurso auxiliar ao processo educacional, já a partir de 1908. Baseando-se sempre na prática individual da assistência, esses trabalhos vieram a valorizar muito as concepções de Mary Richmond sobre a importância de as famílias e seus membros serem tratados de forma individual. Acreditava Richmond que só através dessa abordagem, e com o apoio de um diagnóstico social bem elaborado, é que se poderia atingir a reforma do caráter das pessoas, a sua reintegração social. Esse modo de encarar o Serviço Social, *como uma ação dotada de força reintegradora, um instrumento de reforma do caráter*, crescia em aceitação pela burguesia, interessada em exercer sua ação de controle sobre a classe trabalhadora e sobre a massa pauperizada. Subjacente às ideias de reforma e de reintegração, encontrava-se aquela que era uma das mais importantes para a classe dominante e que se relacionava com a função ideológica da prática social. Por meio dela era possível ajustar comportamentos, acomodar situações, difundir novos modos de pensar, compatíveis com a lógica da sociedade capitalista. Assim, a ação social, embora realizada predominantemente através da abordagem individual, produzia efeitos muito úteis para e Estado burguês, auxiliando-o no cumprimento de uma de suas principais funções: garantir a expansão do capital, para tanto mantendo a regularidade do processo social.

Disso resultou um estreitamento de vínculos com a Sociedade de Organização da Caridade, o que contribuiu de modo significativo para que se acelerasse ainda mais a expansão do Serviço Social.

Em 1915, conforme levantamento realizado por Edward Devine e Mary van Kleec, a pedido da Escola de Filantropia, Nova York já contava com cerca de quatro mil agentes sociais atuando profissionalmente em suas instituições públicas. Desses, seguramente a maioria realizava suas ações através da abordagem individual, valendo-se de entrevistas e visitas domiciliares.[8] Tal tipo de prática demandava um grande número de agentes especializados, o que levou a Sociedade de Organização da Caridade a desenvolver verdadeiras campanhas de arregimentação de novos interessados nessa atividade.

8. Ver referências complementares em Richmond, 1950, Cap. I, "Origens".

Médicos, educadores, juízes e economistas que faziam parte da Sociedade e que já conheciam o trabalho realizado pelo Serviço Social em hospitais, escolas, Tribunais de Infância e com a classe trabalhadora em geral, envolveram-se com aquelas campanhas, contribuindo de modo significativo para a divulgação da prática social. Dirigindo-se fundamentalmente ao segmento feminino das igrejas evangélicas e das associações civis voluntárias, conseguiram sensibilizar um grande número de mulheres, fazendo com que, desde suas origens no mundo capitalista, o Serviço Social fosse marcado como uma profissão predominantemente feminina.

Seu processo de institucionalização caminhava a passos rápidos, ampliando-se sua penetração não só nas instituições públicas como também nas particulares. Crescia a demanda aos cursos de qualificação para o exercício da ação social e expandiam-se também as escolas de Serviço Social, paralelamente.

Atenta a esse movimento, a Sociedade de Organização da Caridade procurava impulsionar a organização desse novo agregado profissional. Sob sua responsabilidade, realizou-se em Nova York, em 1916, a I Conferência Nacional de Trabalhadores Sociais, contando com um expressivo número de participantes.

Nesse evento, Richmond, que vinha dedicando-se cada vez mais ao estudo da base científica da assistência e sua aplicação prática, formulou a proposta de que essa nova profissão recebesse oficialmente a denominação de Trabalho Social e seus agentes de trabalhadores sociais. Entre o *social service*, como era frequentemente referido na Inglaterra e nos países europeus, e o *social work* americano, defendeu enfaticamente esta última vertente, representando aí o pensamento das Sociedades de Organização da Caridade americanas.

Consideravam os membros desta corrente da Sociedade que o termo *trabalho* (*work*) caracterizava com mais precisão a dimensão profissional da atividade dos agentes sociais, evidenciando a diferença dos procedimentos caritativos voluntários dos membros da comunidade, a partir de motivações pessoais e religiosas. Muito presos ainda à noção de caridade, historicamente associada à prática da assistência, os termos utilizados pelas sociedades europeias, Serviço Social e assistente social, acentuavam o caráter de uma prática servil, de doação, de ajuda, de prestação de serviço.[9]

Por outro lado, à luz da semântica, a palavra *work* adequava-se à concepção de Serviço Social defendida pela Sociedade de Organização da Caridade, uma vez que se reportava a um "trabalho" que buscava mais a realização pessoal, a re-criação intelectual, do que a remuneração propriamente dita.

Diferentemente do outro termo disponível na língua inglesa para caracterizar trabalho, *labour*, referindo-se essencialmente à venda da força de trabalho, à atividade base da subsistência, garantia do viver biológico, trazia aquele primeiro a conotação de atender a motivações mais altas, relacionadas com a realização pessoal e existencial.[10]

Era nesses termos que a Sociedade de Organização da Caridade concebia o trabalho social, visualizando-o como uma atividade profissional que acima de tudo era o exercício de um ofício,[11] baseado essencialmente na doação pessoal. Neste contexto, a questão da remuneração era pouco relevante e a inserção do Serviço Social nos quadros da divisão do trabalho atendia mais à exigência de uma sociedade que se amoldava ao sistema capitalista do que à pressão dos próprios agentes.

Tendo sido aprovadas na Conferência Nacional de Trabalhadores Sociais, as expressões *trabalho social* e *trabalhador social* passaram a ser usadas regularmente nos Estados Unidos, porém convivendo com os termos Serviço Social e assistente social, que obstinadamente foram mantidos pelas Sociedades de Organização da Caridade europeias. Para estas, o antigo lema medieval da assistência, "Fazer bem o bem", era a marca persistente do Serviço Social, atividade caracterizada pela

9. O termo serviço vem do latim *servvire*, significando "viver ou trabalhar como servo, prestar serviço, auxiliar, ajudar" (cf. Cunha, 1982, p. 718).

10. Sobre a diferença entre *work* e *labour*, verificar a elucidativa nota de rodapé introduzida por Engels (Marx, 1984, l. 1, Cap. 1, "A mercadoria").

11. *Trabalhar* (cf. Cunha, 1982, p. 779) significa "ocupar-se em algum mister, exercer o seu ofício, do latim vulgar *tripaliare* — torturar —, derivado de *tripaliam* — instrumento de tortura composto de três paus; da ideia inicial de 'sofrer', passou-se à de esforçar-(se), lutar, pugnar e, por fim, trabalhar".

disposição de servir, pela doação pessoal, mais do que pela profissionalização propriamente dita. Seu forte vínculo com a Igreja Católica, da qual foi aproximando-se cada vez mais, especialmente na França, Bélgica, Itália, Portugal e Espanha, determinava um alto grau de potenciação dessas características, tornando mais forte a cada momento a identificação do Serviço Social com a doutrina social da Igreja. A ascensão do capitalismo e suas sucessivas crises, portadoras sempre de um sério agravamento dos problemas sociais, levaram a Igreja Católica a se ocupar das questões referentes à relação capital-trabalho, nesse sentido criando uma doutrina social em que combatia abertamente o regime capitalista. Reconhecendo como inalienável o direito à propriedade particular dos instrumentos de produção e defendendo a iniciativa privada como base da organização social e econômica, a Igreja Católica considerava o capitalismo uma ordem social contrária à ética cristã. As posições centrais de sua doutrina social encontravam-se nas encíclicas papais, que embora dirigidas aos ministros da Igreja, como princípios da fé, ganhavam sempre ampla divulgação popular. Os assistentes sociais europeus, atônitos com a complexa problemática social com a qual tinham de atuar e sentindo-se fragilizados teoricamente, pois sua formação profissional era ainda bastante precária, agarravam-se aos ensinamentos da Igreja como se fossem as "tábuas da lei".

Enquanto as Sociedades de Organização da Caridade americanas tentavam impulsionar o processo organizativo dos assistentes sociais de forma a tornar autônomo esse novo agregado profissional, liberando-o das influências da Igreja, as europeias caminhavam em rota oposta, colocando-se a serviço dessa instituição. Estabeleceu-se uma troca de interesses, de uma certa forma: à Igreja Católica interessava servir-se dos conhecimentos científicos e procedimentos técnicos do Serviço Social para expandir sua doutrina, difundir os princípios do catolicismo, de modo a conquistar novos adeptos e manter sua posição hegemônica em um mundo que igualmente se expandia; ao Serviço Social interessava servir-se da sólida estrutura da Igreja, muito bem instalada na maior parte dos países europeus, para difundir e ampliar suas ações profissionais. Na verdade, o Serviço Social europeu vivia uma certa crise de liderança, a essa altura. A Inglaterra, país que mantivera por um longo período da história uma posição hegemônica na condução da prática social, entrara em uma fase de refluxo nesse processo. Absorvida por sua problemática interna e pelas circunstâncias específicas que marcavam sua história no mundo do período entreguerras, encontrava-se sem condições de manter a antiga liderança no continente, no âmbito do Serviço Social. Por outro lado, o movimento dos trabalhadores europeus, orientado pelos partidos trabalhistas nacionais, ganhara tal densidade que se tornava cada vez mais complexa a tarefa de exercer qualquer controle sobre ele. *O enfoque da prática social, sob influência da Igreja Católica europeia, que progressivamente foi assumindo uma posição de liderança, centrou-se mais na questão da pobreza*, mantendo um "cautelar distanciamento" das manifestações dos trabalhadores. Na verdade, com relação a esses, o grande objetivo era levá-los a um maior ajustamento à ordem social vigente.

O resultado de todo esse processo foi que Europa e Estados Unidos seguiram diferentes percursos no que se refere à profissionalização do Serviço Social, o que conduziu a operacionalização da prática e a organização da categoria profissional a diferentes patamares.

Trajetória de profissionalização do Serviço Social: Perspectiva europeia e americana. Influência doutrinária da Igreja Católica

Definir os rumos da prática do Serviço Social era uma tarefa altamente complexa, no interior da grave problemática que caracterizava o terço final do século XX, na Europa e nos Estados Unidos.

O capitalismo concorrencial do século anterior, sem conseguir resistir às pressões econômicas de um mundo em processo de intensa transformação, cedera lugar ao capitalismo financeiro, monopolista, que determinava uma nova estrutura de poder econômico, com evidentes repercussões no processo social.

No plano político, o primeiro pós-guerra foi marcado por uma onda revolucionária, que se iniciou com a vitória da Revolução Russa de outubro de 1917. Exercendo um verdadeiro efeito catalisador sobre o movimento trabalhista europeu, as influências da tal revolução desencadearam uma fase de intensa movimentação dos trabalhadores por toda a Europa. Organizados em partidos trabalhistas nacionais e em sindicatos, os trabalhadores lutavam para consolidar suas conquistas políticas, em termos da organização e da legislação referentes ao processo de trabalho. Havia, porém, em contraponto, uma política fascista em ascensão, que desde a década de 1920 espalhava-se pelo continente europeu, produzindo sensíveis mudanças na estrutura da sociedade. O recrudescimento da repressão sobre o movimento dos trabalhadores era evidente, assim como o era também a profunda rachadura do sistema social. Aos impérios econômicos que começaram a despontar na esteira de uma economia fascista e de um capitalismo monopolista, correspondeu a intensa pauperização de uma grande faixa da população europeia. *Olhando-se com atenção para o continente europeu, o que se podia constatar é que estava gravemente enfermo, debilitado e sem condições de manter a sua secular hegemonia no plano mundial. A realidade impunha-se e não havia como deixar de reconhecê-lo: os Estados Unidos eram o país vencedor da Primeira Guerra Mundial e para lá se deslocava o centro de referência do mundo capitalista.* Havia naquele país uma próspera classe dominante, que alimentava um acelerado processo de industrialização capitalista. Seguros de seu poder e tomando por concreto algo profundamente abstrato, o seu eterno poder de classe, a burguesia americana entendia que podia controlar o processo social, assim como controlava o processo econômico.

A "questão social", nesse enfoque, era vista de forma bastante reducionista, como manifestação de problemas individuais, passíveis de controle através de uma prática social cada vez mais nitidamente concebida como uma atividade reformadora do caráter. Assim, nos Estados Unidos enfatizou-se muito a busca de conhecimentos científicos, especialmente no contexto da Psicologia, da Psicanálise, da Medicina e até mesmo do Direito. A ênfase na abordagem individual e a apreensão do Serviço Social como atividade reformadora do caráter demandavam segurança na utilização de teorias, conhecimentos e conceitos produzidos naquelas áreas.

O livro de Richmond (1950), publicado em 1917, após quase dez anos de esmerada elaboração, constitui um exemplo clássico dessa fase do Serviço Social americano. Nele, a autora vai insistir na importância do trabalho social, em especial em seu alcance quando realizado com pessoas individualmente. Partindo do princípio de que eram a base da sociedade, o princípio da organização social, considerava que era a essas pessoas como seres individuais que deviam dirigir-se os esforços dos trabalhadores sociais, no sentido de manter o funcionamento adequado da sociedade.

Tal livro trouxe grande impulso para o processo de profissionalização do Serviço Social nos Estados Unidos, contribuindo de forma decisiva para o reconhecimento do valor dessa atividade profissional pelas autoridades acadêmicas. Em 1919, a Escola de Filantropia Aplicada foi incorporada à Universidade de Colúmbia, em Nova York, com a denominação de Escola de Trabalho Social. A essa altura, o número de profissionais havia crescido e seu processo organizativo já produzia resultados bastante visíveis. Em 1920, fundava-se em Nova York a Associação Nacional de Trabalhadores Sociais, agremiação de natureza corporativista voltada para a organização, representação e defesa da categoria profissional. Ao longo do tempo e como fruto de seu próprio desenvolvimento, veio a encampar a Sociedade de Organização da Caridade, que deixou de existir com essa denominação a partir da década de 1940. Na Europa, o itinerário de busca do Serviço Social se fez por outra direção. A linha psicológica e psicanalítica, que caracterizava a abordagem individual americana, ali não teve grande ressonância. Entendiam as lideranças das Sociedades de Organização da Caridade que, em vez de agir sobre os indivíduos para mantê-los ajustados à sociedade, era preciso agir sobre esta, para que não se desestabilizasse com as pressões por eles exercidas. Mais importante do que controlar conflitos ou desajustes individuais era obter clareza na compreensão da estrutura da sociedade e dos problemas que nela ocorriam, ou sobre ela incidiam. Fazia-se necessário buscar teorias, conhecimentos e conceitos que, superando o limite do aparente e do individual, permitissem a penetração no contexto social e a apreensão dos problemas em suas manifestações mais amplas. Para tanto, as Sociedades de Organização da Caridade europeias trataram de buscar reforço nas ciências sociais, notadamente na Sociologia, na Economia, e depois na Pesquisa Social.

A linha psicanalítica do Serviço Social americano foi substituída na Europa pela sociológica, assim como a abordagem individual cedeu lugar à grupal. O pensamento sociológico que florescia na Europa, nesses anos iniciais do século XX, era, porém, um pensamento nitidamente conservador. A influência de Auguste Comte (1798-1857), Fréderic Le Play (1806-1882) e Émile Durkheim (1858-1917) ainda tinha um peso bastante significativo. O primeiro, considerado o pai do Positivismo, era o teórico da burguesia e criou uma das doutrinas filosóficas de maior repercussão no século XIX — o Positivismo, ou Física Social. Partindo dos ensinamentos da Física, ciência que prosperava naquele momento, considerava a sociedade, a exemplo dos fenômenos físicos, passível de ser controlada por leis sociais, naturalmente caminhando para o equilíbrio e para o progresso. O segundo, Le Play, economista conservador, defendia a tese de que a base da sociedade era a forte organização da família, da religião e da propriedade. Finalmente Durkheim, o grande nome da escola sociológica francesa, considerado por muitos o pai da Sociologia, via implicações morais nos problemas sociais, justificando a ação de controle social seja no Estado, seja na própria comunidade. Validando plenamente a sociedade de classes e a ação da classe "nobre", poderosa em relação à outra, considerava que só mediante rigoroso controle moral sobre os indivíduos ou grupos portadores ou manifestantes dos problemas é que se poderia garantir a organização e o funcionamento adequado da sociedade.

O pensamento conservador, associado ao forte vínculo com a Igreja Católica, que foi tornando-se presença dominante no Serviço Social europeu, trouxe para a prática social, ainda com maior ênfase, a dimensão do controle, da repressão e do ajustamento aos padrões estabelecidos pela sociedade burguesa constituída. A doutrina social da Igreja, embora proclamada como humanista, era acentuadamente conservadora, reproduzindo o clima fascista que se respirava no continente europeu. Se a encíclica *Rerum*

Novarum, de 1891, do papa Leão XIII, tratando das relações capital-trabalho, deixava entrever um colorido conservador, exortando os trabalhadores a observar a prudência e a ética cristã, a de 1931, do papa Pio XI, assumia e reproduzia a visão de mundo dominante na época. Denominada *Quadragesimo Anno* e tematizando a organização profissional e a estrutura da empresa, debruçou-se sobre a questão da "restauração e aperfeiçoamento da ordem social", buscando oferecer soluções para o "equilíbrio nas relações entre patrões e empregados", de forma a torná-las capazes de "implantar um clima de justiça social".

No contexto desse pensamento conservador, que se tornava o traço dominante do Serviço Social europeu, a proposta americana de prática insistia em se fazer presente, infiltrando-se nas ações desenvolvidas pelos agentes sociais. Assim, não obstante se ampliassem os limites da abordagem para a dimensão grupal, ou o alcance dos objetivos para a administração dos conflitos sociais, a marca da função repressiva e de controle da prática social ali estava, ora de forma clara, ora mais veladamente, porém sempre determinando os rumos da ação profissional. Mesmo procurando os trabalhadores em seus locais de trabalho, em seus movimentos associativos, os agentes sociais não o faziam em atendimento a uma demanda deles. Não eram os interesses deles como classe que mobilizavam as suas ações profissionais. Na verdade, ao contrário, eram os interesses da burguesia que estavam em jogo e que determinavam a direção da prática social. As manifestações dos trabalhadores, em vez de apreendidas como expressões da luta de classes, reduziam-se à dimensão de conflitos sociais, sobre os quais era preciso exercer imediato e rigoroso controle. Caminhar em direção ao trabalhador não significava, portanto, assumir as suas lutas ou contribuir para o desenvolvimento da consciência de classe do proletariado e para sua organização. *Significava a tentativa de equacionar os conflitos e de recuperar o equilíbrio aparente, de forma a garantir a regularidade do processo social.* A função econômica da prática social impunha-se soberanamente, levando os assistentes sociais a produzir ações distanciadas das contradições e antagonismos que marcavam a sociedade europeia do início do século XX. Sua preocupação em manter o equilíbrio do todo social, em administrar racionalmente os conflitos sociais, em humanizar as relações industriais; na prática, expressava-se como um verdadeiro freio ao movimento do proletariado, que lutava por melhores condições de vida e de trabalho, por salários dignos, por legislação social e trabalhista e não por ações oscilantes entre o controle repressivo e a caridade. Sua luta não era individual, mas política, de toda uma classe que queria fazer valer a sua dignidade, que queria ocupar os espaços sociais que lhe correspondiam.

Assim, como classe, o proletariado não legitimava esse tipo de prática por ele não demandada e que se apoiava em uma lógica de justificação impregnada por preceitos religiosos que transformavam a história em algo imóvel, petrificado, e a contestação e a crítica em resignação. Porém, se para a classe trabalhadora essa rejeição era clara e solidamente fundamentada, o mesmo não ocorria com os seus segmentos mais pauperizados, aquelas famílias operárias vitimadas pelo desabrigo, pela fome, pelo desemprego, pela doença. Para elas, a assistência pública se fazia indispensável ao menos transitoriamente, configurando uma estratégia de sobrevivência no injusto regime capitalista.

Com o discurso da prática científica apoiada em conhecimentos sociológicos, em pesquisas empíricas, em abordagens globais dos problemas sociais, conforme proclamado pelas lideranças da Sociedade de Organização da Caridade, convivia uma prática assistencial que tinha suas origens no século XVII, com São Vicente de Paulo. Baseando-se nas suas ideias, que tomavam por referencial as antigas confrarias cristãs, o estudante Frederico Ozanam criara em Paris, em 1833, as Conferências de São Vicente de Paulo, concebendo-as como uma forma racional e ordenada de realizar a assistência. Era com esse referencial que os agentes sociais operavam nos primórdios do século XX na maior parte dos países europeus, suprindo as deficiências metodológicas da sua prática com as diretrizes e princípios da doutrina da Igreja, expressa em documentos pontifícios voltados para a questão da ordem social.

A burguesia oferecia seu mais irrestrito apoio à prática dos assistentes sociais, em solidariedade com os membros das organizações religiosas, pois numa conjuntura histórica especialmente complexa, em que a luta de classes tomava formas cada vez mais drásticas, sua preocupação permanente era preservar seu domínio de classe, seu poder hegemônico.

Garantir a reprodução das relações sociais de produção capitalista era um objetivo fundamental para a burguesia. Era de seu interesse patrocinar o desenvolvimento de práticas assistenciais e de prestação de serviços, as quais, anulando a dimensão política dos problemas sociais, metamorfoseava-os em manifestações particulares, de dificuldades pessoais, dando-lhes um tratamento "terapêutico" e pulverizado.

Assumindo uma face humanitária, por trás da qual se escondiam interesses repressivos e controlistas sobre o movimento dos operários, o Estado e a burguesia procuravam implementar políticas assistenciais, e até mesmo paternalistas, capazes de atuar como fatores de desmobilização do proletariado. Todo o esforço da classe dominante dirigia-se a um objetivo por ela considerado crucial: *bloquear o desenvolvimento da consciência de classe do proletariado e sua organização política*. Os serviços assistenciais e beneficentes estrategicamente criados pela burguesia procuravam atuar como sérios obstáculos, trazendo para o movimento operário a falsa representação de um Estado paternal, bom e protetor.[12]

Aos assistentes sociais, como responsáveis pela operacionalização desses serviços, era delegado um papel de fundamental importância, uma vez que acabavam por representar o próprio Estado diante da população. Sua prática era uma expressão do poder hegemônico da classe dominante, sua identidade era aquela atribuída pela sociedade burguesa constituída: uma estratégia de controle social e de difusão do modo capitalista de pensar.

Como o criador não podia deixar de legitimar a criatura, tanto essa identidade atribuída quanto a prática assistencial desenvolvida pelos assistentes sociais eram plenamente ratificadas pela burguesia.

---

12. A questão é colocada por Gramsci (1985, p. 153) em outro contexto. Refletindo sobre "serviços públicos", destaca que "estes elementos devem ser estudados como nexos nacionais entre governantes e governados, como fatores de hegemonia", e acrescenta: "beneficência é elemento de 'paternalismo'; serviços intelectuais são elementos de hegemonia, ou seja, de democracia no sentido moderno".

Instalou-se, porém, aí o grande paradoxo que veio a marcar profundamente a trajetória histórica e a própria face do serviço social: *a legitimação de sua prática não decorreu da população usuária, mas sim da classe dominante — os mandantes da prática — e, depois, os contratantes dos serviços profissionais dos assistentes sociais*. Para os primeiros — os usuários —, trazia a marca da imposição, continha o gosto amargo da repressão, da submissão e do controle. Era uma prática que atendia às necessidades do capitalista, porém não o fazendo em relação ao proletariado como classe. Para os outros — os assistentes sociais —, aliar-se ao Estado e à Igreja e produzir uma prática dimensionada pelos interesses da burguesia significava uma forma de ampliar os espaços de atuação, de consolidar-se como grupo profissional específico. Por outro lado, como tanto na liderança quanto no interior desse grupo a presença dominante era a de membros da classe burguesa, o modo burguês de pensar era naturalmente justificado e não chegava a produzir nenhuma perplexidade; a consciência dos agentes era, também, burguesa. A sociedade de classes era uma realidade incontestável, e a preocupação dos assistentes sociais nessas décadas iniciais do século XX não era contestá-la ou mesmo submetê-la a uma crítica rigorosa; era, na verdade, mantê-la em equilíbrio, preservando a sua ordem.

A forte influência da Igreja Católica fazia com que a linha divisória entre a prática religiosa e a profissional se tornasse cada vez mais tênue, inclinando-se para o limite da indiferenciação entre ambas. O próprio processo organizativo da categoria profissional, na Europa, ressentiu-se dessa influência. *A marcha associativa dos assistentes sociais não se dirigiu para a construção de organismos voltados para a prática política ou para a reivindicação profissional.*

Enquanto nos Estados Unidos, já a partir de 1920, ganhava força a Associação Nacional de Trabalhadores Sociais, na Europa o esforço se concentrava em garantir a hegemonia do pensamento católico e do grupo de profissionais que o adotava como referencial para suas ações.

Como sede da primeira Escola Católica de Serviço Social, fundada em Paris, em 1911, a França teve um papel muito importante nesse processo, funcionando como um verdadeiro polo irradiador da vertente católica da prática profissional. Foi aí que se iniciou, logo após a fundação da Escola de Paris, a criação de pequenos núcleos associativos de assistentes sociais católicos, que se dedicavam à reflexão sobre a "questão social", sobre a doutrina social da Igreja e sobre suas implicações para a prática profissional. A repercussão dessa iniciativa foi muito grande e logo esse organismo associativo se multiplicou, tanto na própria França como nos demais países europeus. Ao avanço do grupo católico correspondeu um refluxo da Sociedade de Organização da Caridade, cujo ponto de ancoragem se localizava na Igreja Evangélica. Suas atribuições foram sendo incorporadas pelos Núcleos de Assistentes Sociais Católicos, organismo que ganhava força e expressão nos países seguidores dessa doutrina. As décadas de 1920 e 1930 foram testemunhas de uma grande expansão do Serviço Social europeu, seja nas ações profissionais, seja no processo organizativo. Da experiência dos pequenos núcleos surgiu em 1925, na Itália, durante a I Conferência Internacional de Serviço Social, em Milão, a União Católica Internacional de Serviço Social — UCISS. Tratava-se já de um organismo de maior porte e que exerceu grande influência não só sobre o Serviço Social europeu como também sobre o latino-americano.

Contando com um amplo apoio da Igreja e da burguesia, esse organismo se transformou em um núcleo de sensibilização e mobilização de leigos para a ação social.

A própria orientação doutrinária da Igreja valorizava muito nesse momento a ação conjunta de religiosos e leigos, entendendo-a mesmo como uma forma de ampliar seu alcance. A reorganização do quadro político, social e econômico, pela qual toda a Europa vinha passando nesse primeiro pós-guerra, alterou profundamente a correlação de forças vigentes, o que repercutiu na totalidade do processo social. A Igreja, como instituição participante de tal processo, ressentiu-se igualmente dessas repercussões, até porque abalavam a sua estrutura. Na tentativa de ampliar seus espaços políticos na sociedade civil, a burguesia se unia em alianças intraoligárquicas, que debilitavam o poder hegemônico da Igreja e subtraíam o seu tradicional monopólio. Lutando para recuperar forças e para se reorganizar, sem perder a aliança com a burguesia, sua principal estratégia foi abrir as portas para os movimentos leigos.

Desdobrando sua doutrina religiosa em linhas operacionais de ação social, a Igreja oferecia as bases para que os assistentes sociais realizassem sua prática; em contrapartida, eles colocavam a sua prática a serviço da Igreja. O terreno onde o Serviço Social deitou suas raízes tinha, pois, uma topografia bastante específica, e, assim como a seiva com a qual as nutria, provinha de uma ideologia claramente determinada. Na base de ambos, o que estava presente era a religião, como princípio de vida, diretriz para a ação. A concepção religiosa de mundo correspondia uma concepção religiosa de prática, que demandava, para sua operacionalização, qualidades morais e pessoais, além do domínio de conhecimentos científicos e habilidades técnicas.[13]

A preocupação com a formação profissional tornou-se relevante, passando a constituir tema de frequente reflexão dos grupos profissionais. A própria União Católica Internacional de Serviço Social assumiu, a partir da década de 1930, a liderança desse processo, formulando uma concepção de ensino que abrangia fundamentalmente quatro grandes áreas: científica, técnica, moral e doutrinária. *As qualidades pessoais, a vocação, a disposição para servir continuavam presentes como elementos essenciais, aos quais era preciso acrescentar o preparo técnico-científico para o adequado exercício da prática social.* À medida que se institucionalizava, exigia de seus agentes procedimentos mais técnicos e eficientes, capazes de exercer sobre as classes subalternas o controle social e político determinado pelas classes dominantes. A ação social se tornava cada vez com mais clareza uma ação política de contenção e repressão dos trabalhadores, vistos pela burguesia como um "perigo social iminente". Aos assistentes sociais cabia a tarefa de afastar esse "perigo", esvaziando o conteúdo político de suas reivindicações coletivas, exercendo um vigilante controle sobre as manifestações do proletariado. Por outro lado, era também de sua responsabilidade

13. A análise realizada por Verdès-Leroux sobre esta questão é muito elucidativa e clara, merecendo ser consultada.

manter oculta da sociedade a face negra da miséria, atendendo aos pobres, aos doentes, aos indigentes, enfim a todos aqueles que o capitalismo se encarregava de expulsar para o território da não cidadania.

Esse tipo de prática, que se intensificou no primeiro pós-guerra europeu e que passou a constituir a marca persistente do Serviço Social, favoreceu a sua penetração na estrutura do Estado burguês.

Nos anos que precederam a Segunda Guerra Mundial, e em especial durante a sua vigência, o Serviço Social já se fazia presente e atuante na maior parte dos países americanos, europeus e inclusive latino-americanos, exercendo sua prática a partir de instituições públicas e também particulares. Nessa fase, seu processo de profissionalização já havia avançado significativamente e à sua base religiosa havia se acrescentado a base científica. Os próprios movimentos leigos de apoio à doutrina social da Igreja, que ganharam grande força e expressão durante as décadas anteriores, envolvendo vários setores da burguesia, entraram em retração, em face da complexa conjuntura histórica, perdendo muito de sua dimensão política. A parceria com a Igreja foi progressivamente substituída pelo Estado, cuja presença tornava-se, a cada momento, mais insinuante, tanto no cenário social como no econômico.

Serviço Social no Brasil

Trajetória histórica: alienação e crítica

O surgimento do Serviço Social no Brasil remonta aos primeiros anos da década de 1930, como fruto da iniciativa particular de vários setores da burguesia, fortemente respaldados pela Igreja Católica, *e tendo como referencial o Serviço Social europeu*. Evidentemente não pode ser entendido como uma simples transposição de modelos ou mera importação de ideias, pois suas origens estão profundamente relacionadas com o complexo quadro histórico-conjuntural que caracterizava o país naquele momento.[14] A acumulação capitalista deixava de se fazer através das atividades agrárias e de exportação, centrando-se no amadurecimento do mercado de trabalho, na consolidação do polo industrial e na vinculação da economia ao mercado mundial. O processo revolucionário em curso no Brasil desde a segunda metade da década de 1920 vinha exigindo uma rápida recomposição do quadro político, social e econômico nacional. A repressão policial, típica da Primeira República, através da qual a burguesia desejava conter o avanço do movimento operário, já não se mostrava mais eficaz.

O adensamento de tal movimento, especialmente no período compreendido entre 1917 e 1921, e seu amadurecimento político eram realidades inegáveis. A luta pela vida, pela sobrevivência, pelo trabalho, pela liberdade levava o proletariado a avançar em seu processo organizativo, o que era visto com muita apreensão pela burguesia. Unindo-se ao Estado e à Igreja, como poderes organizados, a classe dominante procurava conceber estratégias com força disciplinadora e desmobilizadora do movimento do proletariado. Porém, os antagonismos que marcavam as relações sociais do sistema capitalista e que penalizavam o trabalhador e sua família já não admitiam mais recuos. A luta de classes se impunha como uma realidade irreversível, determinando um quadro social marcado pela permanente tensão. A República Velha estava desmoronando e teve seu fim com o movimento político-militar de 1930.

O Estado que despontou na República Nova foi uma "entidade global mítica" (Oliveira, 1987, p. 38), acima das classes, mas considerando-se legítimo defensor de seus interesses e se autoatribuindo a missão de resgatar o clima de "harmonia social". Como estratégia para baixar a tensão reinante entre os trabalhadores, trouxe para si próprio a responsabilidade de cuidar da reprodução de sua força de trabalho. Para tanto, buscou o fortalecimento de suas alianças com a Igreja e com

14. A literatura sociológica especializada sobre este momento importante da história do Brasil é rica e farta. Como subsídios para a reflexão, consultamos basicamente: Carone, 1974, 1976; Fausto, 1971, 1976; Skidmore, 1975; Sola, 1971; Della Cava, 1975; Villaça, 1975; Fernandes, 1981.

os setores mais abastados da burguesia, com os quais dividiu a tarefa de circunscrever a hegemonia do poder ao restrito âmbito da classe dominante. Os movimentos leigos, que nesse momento já tinham grande expressão no Brasil, inclusive contando com certa estrutura organizacional, foram os parceiros acionados pela Igreja para atuar com os operários. Em São Paulo, numa conjugação de esforços da nascente burguesia e de setores da própria Igreja Católica, havia sido criado, na esteira do movimento constitucionalista de 1932, o Centro de Estudos e Ação Social de São Paulo — Ceas, que desempenhou um importante papel no sentido de qualificar os agentes para a realização da prática social. Nesse Centro, como fruto da iniciativa das cônegas de Santo Agostinho, no Brasil realizou-se o primeiro curso de preparo para o exercício da ação social, que, sob a denominação de Curso Intensivo de Formação Social para Moças, foi ministrado pela assistente social belga Adèle de Loneux, da Escola Católica de Serviço Social de Bruxelas. A clientela desse primeiro curso foi constituída por jovens católicas, algumas já participantes de atividades assistenciais ou militantes de movimentos da Igreja, e todas pertencentes a famílias da burguesia paulista.

Na convulsionada conjuntura histórica nacional e paulista que caracterizava o quadro político, social e econômico da época da realização do curso, iniciado em março de 1932, a burguesia encontrava-se atemorizada diante dos rumos que vinham tomando os acontecimentos históricos.[15]

Em São Paulo, o quadro se agravava, pois, além das disputas entre os tenentistas e os setores políticos mais tradicionais, havia o medo da infiltração das ideias comunistas e ainda, para lhes aumentar a preocupação, um distanciamento do governo central, que vinha marginalizando a burguesia paulista. Assim, para esta o curso chegava em um momento crucial, razão pela qual houve grande incentivo das famílias para que suas filhas jovens, solteiras, ou mesmo esposas, em minoria, dele participassem. De certa forma, através desse curso, abria-se a pos-

15. Nas obras referenciadas de Carone, Fausto, Sola, Fernandes, Della Cava e Villaça, entre outras, há importantes reflexões sobre este momento.

sibilidade de a mulher paulista marcar sua presença no processo político que se desenrolava em seu próprio Estado. Embora dirigido como primeira iniciativa a um grupo pequeno e selecionado, dele se esperava um grande efeito multiplicador, aliado a uma ampliação de seus resultados pelo próprio Centro de Estudos e Ação Social de São Paulo.

Historicamente, esse foi o evento que marcou o primeiro passo da longa caminhada do Serviço Social no solo brasileiro, que já se iniciou sob o revelador signo da aliança com a burguesia.

Penetrando em sua essência e desvendando a complexa trama de articulações que o envolveram, o que se tem é o seu caráter estratégico, é a sua natureza de projeto conservador, burguês, impregnado pela concepção de política e de ação social produzidas pela visão de mundo da burguesia. Nela, tanto uma quanto outra configuravam mecanismos de preservação de seu poder hegemônico, de contenção e controle das lutas sociais, além de guardarem, de acordo com sua ótica, uma força disciplinadora capaz de garantir a difusão do modo capitalista de pensar e sua interiorização pela classe trabalhadora. Enfim, a identidade atribuída ao Serviço Social pela classe dominante era uma síntese de funções econômicas e ideológicas, o que levava à produção de uma prática que se expressava fundamentalmente como um mecanismo de reprodução das relações sociais de produção capitalista, como uma estratégia para garantir a expansão do capital. *Tal identidade era, portanto, especialmente útil para a burguesia, pois, além de lhe abrir os canais necessários para a realização de sua ação de controle sobre a classe trabalhadora, fornecia-lhe o indispensável suporte para que se criasse a ilusão necessária de que a hegemonia do capital era um ideal a ser buscado por toda a sociedade.* Através dessa mistificação do capitalismo, o Estado e a classe dominante procuravam naturalizar sua política controlista e repressiva, situando-a como um instrumento indispensável para garantir a ordem social. As práticas assistenciais desenvolvidas nos vários Estados brasileiros, ao longo dos anos de 1930 e 1940, e os eventuais benefícios concedidos aos trabalhadores, através de empréstimos, assistência médica, social e auxílios materiais, encobriam as reais intenções subjacentes. Reproduziam a nebulosidade que caracterizava a política social concebida pelo Estado liberal burguês, da qual eram parte e expressão. Tal política, durante a década de 1930, sofrera significativa e estratégica alteração em sua estrutura interna, tornando-se ainda mais rigorosa e controlista em relação aos movimentos dos trabalhadores. Seu objetivo era abafar tais movimentos e controlar o nível de tensão da sociedade, que atingia seu ápice a cada momento, em setores diversificados, expressando-se através de manifestações coletivas, de paralisações e de greves.[16]

No plano do discurso oficial, o objetivo se situava na busca do consenso entre o governo e os diferentes setores da sociedade civil e, mais ainda, na tentativa de restaurar o clima de ordem social. Tal discurso era recebido com grande entusiasmo pelos grupos mais conservadores da sociedade, que viviam em permanente tensão em face dos movimentos políticos e reivindicatórios que marcavam o cenário social, especialmente entre os anos de 1930 e 1935. Para reverter esse quadro, o governo, valendo-se de uma manobra política, tratou de absorver a pressão da classe trabalhadora através da criação de organismos normatizadores e disciplinadores das relações de trabalho. Como desdobramento dessa iniciativa, surgiram o Ministério do Trabalho, Indústria e Comércio, em 1930, e as Juntas de Conciliação e Julgamento em 1932. As lutas dos trabalhadores por organismos políticos autônomos foram praticamente anuladas por um sindicalismo oficializado, que reduzia o sindicato a uma instância corporativa de poder, controlada pelo Estado, através de seu aparato repressor.[17]

A estrutura corporativista do Estado da década de 1930 infiltrava-se, assim, nas entranhas do sindicato, deixando impressa sua marca e esvaziando-o de "realidade política".[18] Produzir tal esvaziamento

16. Carone (1974) faz um estudo bastante rigoroso dos movimentos reivindicatórios deste período, tendo por bandeira de luta não só a melhoria de condições de trabalho e de salário, mas o próprio cumprimento da legislação social e trabalhista, com frequência desrespeitada pelos patrões. Os protestos organizados pelos partidos políticos a partir de 1934 são também objeto de reflexão do autor, assim como as medidas adotadas pelo governo.

17. As obras de Simão, 1966; Rodrigues, 1968; Carone, 1979, são indispensáveis para a compreensão deste momento e de suas implicações históricas.

18. Expressão usada por Portelli (1974) para se referir à perda de substância política de um movimento, à sua substituição por valores morais.

configurava uma verdadeira estratégia de um Estado autoritário, que progressivamente foi desencadeando um processo de cerceamento das liberdades políticas e sociais através da promulgação de pesadas leis de exceção — Lei de Segurança Nacional, Estado de Sítio e Estado de Guerra —, mediante as quais pretendia corrigir aquilo que interpretava como "excessos revolucionários".[19]

O ponto culminante desse processo de radicalização do fechamento político foi o golpe de 10 de novembro de 1937, através do qual se instaurou o "Estado Novo" no país.

Foi em meio a esse complexo quadro que o Serviço Social iniciou a trajetória em direção à sua profissionalização no Brasil. O interesse marcadamente utilitarista da burguesia e a ética reificada que lhe dava sustentação tornavam justificada a atitude da classe dominante de se apropriar dos trabalhos desenvolvidos pelos filantropos e pelos agentes sociais, conferindo-lhes uma conotação política e ideológica, em termos de controle e repressão. Através do processo de reificação,[20] fortemente impregnado na estrutura da sociedade burguesa, forjava-se uma perspectiva de prática social moldada para responder às exigências do capitalismo. Para este, e especialmente para a classe dominante que o corporificava, a identidade da prática social consistia exatamente em suas funções ideológicas de controle social, através das quais exercia de modo indireto uma importante função econômica, contribuindo para o fluxo expansionista do capital. Assim, não obstante para muitos de

19. Expressão utilizada por Boris Fausto (1971) para se referir à forma como a classe dominante interpretava os movimentos sociais.

20. Reificação é "o ato (ou resultado do ato) de transformação das propriedades, relações e ações humanas em propriedades, relações e ações de coisas produzidas pelo homem, que se tornaram independentes (e que são imaginadas como originalmente independentes) do homem e governam sua vida. Significa igualmente a transformação dos seres humanos em seres semelhantes a coisas, que não se comportam de forma humana, mas de acordo com as leis do mundo das coisas. A reificação é um caso 'especial' de alienação, sua forma mais radical e generalizada, característica da moderna sociedade capitalista". A história real do conceito de reificação começa com Marx e com sua interpretação por Lukács. Embora a ideia de reificação já esteja implícita nas primeiras obras de Marx (1978), a análise e o uso teórico do conceito de reificação aparecem em seus escritos posteriores e chegam ao auge nos *Grundrisse* e em *O capital*. As duas análises mais detidas e desenvolvidas da reificação encontram-se no primeiro volume (Cap. I, seção 4) e no terceiro livro de *O capital* (Cap. XL-VIII) (cf. Bottomore, 1988, p. 314).

seus agentes a ação social atendesse a motivações pessoais e religiosas e buscasse atingir objetivos filantrópicos e altruístas, para a classe dominante o que importava eram os seus resultados materiais e concretos. Tais resultados, expressando-se no atendimento às carências mais prementes do grande número de pobres e às necessidades mais imediatas do trabalhador e sua família, produziam um efeito social muito importante, reduzindo as manifestações aparentes dos problemas e fortalecendo a ilusão de que o Estado nutria um paternal interesse pelo cidadão. Ao longo de todo o tempo pelo qual se estendeu a ditadura varguista, o discurso social permaneceu presente, de forma populista e paternalista, não obstante o trabalhador fosse espoliado, aviltado, explorado e esvaziado de sua cidadania progressivamente. Os espaços para a ação social se ampliaram, inclusive criando-se durante esse período grandes instituições estatais ou paraestatais, às quais cabia dar operacionalidade às propostas políticas governamentais, somando esforços com os Institutos de Pensões e Caixas de Previdência. À medida que se expandiam as instituições, crescia a demanda por agentes qualificados para o exercício da ação social. A expectativa que se havia criado em relação ao exercício desses agentes tinha *por referencial a identidade atribuída do Serviço Social, ou seja, a sua função econômica, de fundo ideológico, mais do que sua função social*, a qual, numa verdadeira inversão de valores, muito própria da ética reificada da burguesia, havia se descaracterizado até o limite da indeterminação. De função essencial, enquanto resposta ao conjunto de problemas que se instauravam como subprodutos do capitalismo, a função social havia se transformado em mero apêndice da função econômica, em estratégia de domínio de classe. Foi, porém, com essa identidade atribuída pelo capitalismo e chancelada pela Igreja Católica que o Serviço Social atravessou os mares e cruzou as fronteiras, aportando no território brasileiro, em 1932. Recebeu aqui a melhor das acolhidas por parte daqueles que haviam se mobilizado para promover a sua vinda para o Brasil: os setores mais abastados da burguesia católica e a própria Igreja, os quais, movidos pelo medo da infiltração de novas ideologias e do avanço dos movimentos sociais e temendo a recorrência de conflitos mais graves como aqueles que marcaram o imediato pós-guerra, estavam envolvidos em uma verdadeira "guerra santa". *Assumiam como tarefas inadiáveis, como missões evangelizadoras, a unificação da nação brasileira em torno do cristianismo e, no interior desta, o fortalecimento da família operária na fé cristã.* Com tais objetivos, os católicos vinham organizando-se em grupos e associações, através dos quais realizavam o seu apostolado leigo. A Igreja, envolvida em uma articulação mais ampla com o Estado, cujo objetivo era recuperar e consolidar o seu prestígio e a sua hegemonia, apoiou plenamente tais iniciativas, e logo o movimento católico leigo ganhou força, estrutura e expressão. Assim, ao chegar ao Brasil, o Serviço Social encontrou já a esperá-lo uma missão e uma causa, as quais demandavam um imediato engajamento, até mesmo no sentido de somar esforços com aqueles que por elas estavam lutando. A "ação cristianizadora do capitalismo"[21] que se encontrava em curso era uma causa que envolvia todos os grupos e movimentos católicos. Subjacente a ela encontrava-se a intenção de promover a aceitação ampla do regime capitalista, exorcizando-o, estrategicamente, de seus antagonismos mais evidentes, de suas injustiças mais gritantes.

O fetiche da prática, fortemente impregnado na estrutura da sociedade, se apossou dos assistentes sociais, insuflando-lhes um sentido de urgência e uma prontidão para a ação que roubavam qualquer possibilidade de reflexão e de crítica.

Sempre prontos para oferecer respostas urgentes às questões prementes, desde cedo os assistentes sociais foram imprimindo à profissão a marca do agir imediato, da ação espontânea, alienada e alienante. Acabaram por produzir práticas que expressavam e reproduziam os interesses da classe dominante, tendo por objetivo maior o ajustamento político e ideológico da classe trabalhadora aos limites estabelecidos pela burguesia. Os benefícios, concessões e serviços oferecidos procuravam recobrir a dominação e a exploração burguesa, situando-se como formas ideológicas de preservar o domínio de classe. A "ação cristianizadora do capitalismo", uma das principais bandeiras de luta do Serviço Social ao longo das décadas de 1930 e 40, era, portanto, uma

21. Expressão utilizada por Vianna (1976) para se referir aos movimentos desencadeados pela sociedade civil católica, com base em Leão XIII (1961, p. 159).

forma peculiar de ação política, estrategicamente concebida pela sociedade burguesa constituída para consolidar sua hegemonia de classe,[22] para garantir o controle social e político do proletariado e dos segmentos sociais mais pauperizados.

Do imediato envolvimento do Serviço Social com essa ação resultou um profundo fortalecimento de sua identidade atribuída, aliado à descaracterização de sua função social propriamente dita. *Verdadeira síntese das práticas sociais pré-capitalistas e dos interesses hegemônicos da classe dominante, a identidade atribuída era construída de avessos: de repressão, de controle, de dominação, segundo o padrão burguês de ser, pensar e agir.* Fortemente infiltrado na estrutura da sociedade capitalista e exercendo um nefasto efeito alienador, esse era o padrão que determinava a inserção da profissão no tecido das relações sociais mais amplas, suas formas de prática, suas relações políticas com o Estado e com as classes sociais. A identidade atribuída era, assim, plenamente justificada, pois reproduzia a alienação política, social, econômica, cultural presente no espaço mais amplo da sociedade burguesa. Fixando-se pelo uso e ganhando um estatuto ontológico próprio, essa foi a identidade assumida pelo Serviço Social, que com ela operou ao longo do tempo, desenvolvendo um percurso alienante e alienador e que o distanciou da trama das relações sociais, impedindo-o de participar de uma prática política e social autêntica. *A alienação presente na sociedade capitalista, tendo encontrado a base social necessária, penetrou na consciência dos agentes profissionais, constituindo sério obstáculo para que pudessem estruturar sua consciência política, sua consciência social.*

Criando e recriando o fetiche da prática e produzindo ações delimitadas pelos interesses da burguesia, os agentes profissionais eram cada vez mais aprisionados pelos tentáculos da alienação, o que tornava mais complexa a tarefa de romper a malha reificante que os envolvia. Sucumbindo à lógica da justificação, muito própria da sociedade bur-

22. O termo *hegemonia*, cujo pleno desenvolvimento como conceito marxista é atribuído a Gramsci (1984b, p. 33), está sendo utilizado na perspectiva por ele proposta em termos da liderança de classe, que é econômica e política, "pois se a hegemonia é ético-política também é econômica; não pode deixar de se fundamentar na função decisiva que o grupo dirigente exerce no núcleo decisivo da atividade econômica".

guesa constituída, tornavam-se incapazes de realizar o trânsito para o nível da compreensão política das contradições inerentes ao sistema capitalista. Os principais elementos fundantes da consciência política — a consciência das contradições, a prática politicamente organizada, a identidade de interesses como classe — eram assim afastados do horizonte profissional. Instaurava-se, em consequência, um movimento circular e acumulativo, no qual a fragilidade da identidade profissional produzia uma frágil consciência social que abria espaço para a produção de práticas alienadas e alienantes. A ausência de movimento histórico de construção coletiva de um sentido comum para a profissão havia produzido, portanto, um saldo muito negativo: os assistentes sociais compunham uma categoria sem identidade profissional própria. De tanto responderem a pressões externas aos circuitos da profissão, determinadas pelos interesses hegemônicos da classe dominante, *haviam deixado de construir a própria identidade, a sua consciência coletiva em termos de projeto político e ação profissional.*

Num verdadeiro jogo de espelhos, refletiam e reproduziam a autoconsciência metafísica da burguesia, incorporando-a como se fizesse parte da própria superestrutura. Como "a autoconsciência alcança sua satisfação somente em outra autoconsciência" (Hegel, 1941, v. 1, p. 153), agentes profissionais e classe dominante apoiavam-se em suas ações. Prestando-lhe importantes serviços e respondendo a interesses do capital, seja reduzindo o valor da força de trabalho, seja garantindo a expansão do capital pela produção e reprodução da mesma, o Serviço Social avançou em seu processo de institucionalização. A política legalista e corporativista do Estado Novo não tardou em favorecer sua inserção na divisão social do trabalho, como conjunto de atividades legalmente reconhecidas,[23] assim como tratou de normatizar o ensino de

---

23. Em São Paulo, já desde 1935 o Serviço Social vinha desenvolvendo atividade profissional legalmente inserida em organismos públicos, no caso o Departamento de Assistência Social, subordinado à Secretaria da Justiça (Lei n. 2.497, de 24/12/1953). A legislação estadual, a partir de 1938, passou a conceder prerrogativas aos assistentes sociais, tornando privativo desses profissionais o exercício de cargos relacionados com o menor e a família, na estrutura do Serviço Social de Menores (Decreto Estadual n. 9.744, de 19/11/1938) e no Departamento de Serviço Social do Estado (Ato n. 57, de 25/11/1940). Em âmbito federal, em 1938, através do Decreto-lei

Serviço Social.[24] Como fruto dessa mesma política, as relações entre Estado e Igreja sofreram significativas alterações, pois a Constituição de 1937 impunha novos limites a esta última, levando-a a diminuir o ritmo e a intensidade de suas ações. A aliança com a classe dominante continuava, porém, firme e persistente, até porque era de seu grande interesse. *Realizando a complexa tarefa de tentar conciliar o inconciliável, promovendo o ajustamento entre o capital e o trabalho, ou criando formas ideológicas de anular as reivindicações coletivas, esvaziando-as de sua "realidade política", os assistentes sociais eram muito úteis ao sistema capitalista e muito valorizados pela burguesia. Porém, os mesmos motivos que determinavam essa grande aproximação à burguesia explicavam o distanciamento da classe trabalhadora*, para a qual a face do Serviço Social era a face do poder, do capitalista, do opressor; a prática dos assistentes sociais era engendrada pela classe dominante e não respondia a nenhum de seus projetos de classe, a nenhuma de suas reivindicações coletivas em termos de trabalho, salário ou legislação. Mesmo promovendo a melhoria do nível de vida de famílias, individualmente, ou conseguindo obter padrões mais adequados de ajustamento no lar ou no trabalho, ou, mesmo ainda, minorando os sofrimentos dos desvalidos, as ações profissionais dos assistentes sociais atendiam muito mais aos interesses do capitalista do que aos do proletariado enquanto classe. Eram ações que tinham por real objetivo a manutenção da ordem social e do equilíbrio necessários à expansão do capital. O discurso humanitário que as envolvia procurava ocultar suas reais intenções, além de recobrir as profundas desigualdades que caracterizavam o regime capitalista. Assim,

---

n. 525, de 1º/7/1938, organizou-se o Serviço Social como uma estrutura de serviço público, para dar atendimento ao disposto na Carta Constitucional de 1934, segundo a qual ficava estabelecida a responsabilidade do Estado pelos desamparados. O mesmo decreto criou também o Conselho Nacional de Serviço Social, inserido na estrutura do Ministério de Educação e Saúde. A grande abertura para o social da ditadura varguista foi, porém, a Legião Brasileira de Assistência, criada sob o impacto da Segunda Guerra Mundial, em 1942. Sua organização definitiva e seu funcionamento foram autorizados através da Portaria n. 6.013, de 1º/10/1942. Através da Portaria n. 35, de 19/4/1949, do Ministério do Trabalho, Indústria e Comércio, o Serviço Social foi enquadrado no 16º grupo de profissões liberais.

24. Em âmbito estadual, o ensino de Serviço Social foi normatizado através do Decreto-lei n. 9.970, de 2/2/1939, em São Paulo. Em âmbito federal, isso ocorreu na década de 1950 através da Lei n. 1.889, de 13/6/1953, e do Decreto n. 35.311, de 2/4/1954.

se atender às necessidades do trabalhador e sua família era a expressão de um interesse fraternal e cristão para os agentes, para a classe dominante tal atendimento se posicionava como uma estratégia de consolidação de seu poder hegemônico. Através dos efeitos por ela produzidos, buscava-se controlar o nível das reivindicações dos trabalhadores, impedindo que ganhassem a dimensão do coletivo, assim como se tratava de garantir a contínua integração do trabalhador ao circuito do capital, mediante a reprodução de sua força de trabalho. Como a autoconsciência não realiza mediações históricas e como, no plano metafísico, "a verdade da consciência é a consciência de si e esta é o fundamento daquela" (Hegel, 1978, § 424, p. 241), os agentes profissionais autojustificavam sua prática, situando-a como um instrumento de manutenção da ordem social. Envolvidos pela reificação, essa "realidade imediata necessária para todo e qualquer homem que viva na sociedade capitalista" (Lukács, 1974, p. 219), dedicavam-se cada vez com mais intensidade a práticas alienadas e alienantes, caminhando em rota oposta à marcha histórica dos trabalhadores.

Como a identidade profissional e a consciência social só se constroem no movimento, na complexa trama de relações e processos que compõem a totalidade, para o Serviço Social tornava-se muito remota a possibilidade de realizar essa tarefa. O próprio Estado capitalista que o criara havia lhe atribuído uma identidade e, coerentemente com ela, reservava-lhe o espaço do controle, da adaptação e do ajustamento para a realização de suas ações profissionais. Sua inserção na divisão social do trabalho tomava também por referência aquela identidade atribuída, situando-o como uma atividade profissional a serviço do ajustamento entre capital e trabalho, um elo intermediário entre o proletariado e a burguesia, entre as classes subalternas e a classe dominante. Mergulhado nessa identidade e possuído pelo fetiche da prática, o Serviço Social não conseguia tomar consciência das contradições que o envolviam e, em consequência, não tinha como superá-las. Alienadamente, integrou-se, então, a elas, tomando-as como sua realidade imediata. "A consciência é primeiramente imediata, sua relação com o objeto é, portanto, aí, a certeza simples, não mediatizada" (Hegel, 1978, § 418, p. 239). Essa indistinção primitiva entre realidade objetiva e ilusões subjetivas, que estava subjacente às ações profissionais, ao longo do tempo começou a se revelar insustentável. Além de levar à produção de práticas esvaziadas de realidade política e social, distanciadas das demandas da classe trabalhadora, *acabava por gerar uma des-solidarização da própria categoria profissional, entre si e com as demais categorias.* A ausência de identidade profissional, de projeto profissional específico, produzia uma grande fragilidade em termos de consciência política, de consciência social. No processo organizativo, na prática política, na identidade de interesses, na compreensão das contradições inerentes à própria prática e ao regime capitalista enquanto tal, a profissão havia caminhado muito pouco. O uso contínuo, persistente e tenaz da identidade atribuída pela classe dominante remetera-a para o território da "não identidade", ocupado pelas "classes sem identidade de classe" (cf. Oliveira, 1987, p. 38), distanciando-a das lutas sociais e políticas, afastando-a da estrutura e do processo vital da sociedade. *Os contratantes de seus serviços profissionais, os mandantes da prática, membros da classe dominante, exerciam um rigoroso controle sobre suas ações, operando como um verdadeiro freio ao desenvolvimento da profissão como força de caráter político, democrático e popular.* Visualizando a prática social como um eficiente instrumento de operacionalização de seu projeto de hegemonia de classe, a burguesia realizava os maiores esforços para estreitar os laços de aproximação com seus agentes, mantendo-os sob seu vigilante controle.

Unida ao Estado, a classe dominante foi abrindo espaço para que o Serviço Social avançasse em seu processo de institucionalização. Já ao final da década de 1940, e consolidando essa posição nas duas décadas seguintes, o Estado despontou como o grande empregador do assistente social, ampliando-se assim os mecanismos de controle sobre a estrutura e a organização da categoria profissional. A própria linha de prática do Serviço Social no Brasil passava por uma alteração substancial. Se até os meados dos anos 1940 a influência mais importante foi recebida da Europa, em especial da linha franco-belga, uma nova orientação colocava-se agora em pauta.

Em função de interesses políticos e econômicos, o presidente Getúlio Vargas tratou de estreitar as relações com os Estados Unidos, integrando-se oficialmente aos seus aliados em 1942. Dessa aliança Vargas-Roosevelt resultaram inúmeras consequências para o país, no plano político, social e econômico.[25] Restringindo-as ao interesse deste momento da reflexão e situando-as no plano do Serviço Social, o que se teve como decorrência daquele pacto foi a mudança de eixo, em termos de linhas de prática, de perspectivas de ensino e de formas de abordagem. A aproximação com a experiência americana de Serviço Social foi amplamente facilitada, através de um programa de intercâmbio cultural, assim como foi aberta ao Brasil a possibilidade de participar de programas continentais de bem-estar social, já ao longo da década de 1940. *Ambas as ofertas inseriam-se em um plano político mais amplo, configurando estratégias dos Estados Unidos para ganharem hegemonia no continente.* Sua política pan-americanista, baseada na Doutrina de Monroe, de 1823, cujo lema era "a América para os americanos", recrudesceu fortemente após a Segunda Guerra Mundial, fornecendo as bases para uma política expansionista e imperialista em relação à América Latina.[26] Valendo-se de acordos internacionais, que lhe conferiam o suporte estratégico e o caráter jurídico de aparente legalidade, em 1948 os Estados Unidos criaram a Organização dos Estados Americanos, consubstanciada na assinatura da Carta de Bogotá, também conhecida como Carta da OEA. No interior deste organismo foi inserida a União Pan-Americana, cuja criação remontava ao ano de 1910, e em sua Divisão de Assuntos Sociais foi introduzida uma Seção de Serviço Social. Instalada em Washington e investida do *status* de Secretaria Geral, a União Pan-Americana logo se organizou, transformando-se em um verdadeiro braço estendido do imperialismo americano em direção à América Latina.

A essa altura, a prática do Serviço Social já havia evoluído muito, embora ainda guardasse uma forte influência de sua origem, como

25. A análise dessas consequências escapa aos objetivos da presente obra, porém há farta literatura a respeito, destacando-se, entre outros: Carone (1976), Sola (1971), Skidmore (1975) e Pinski (1971).

26. Elementos significativos para o aprofundamento desta análise podem ser encontrados em Manrique Castro (1984), especialmente em seu Cap. IV, e na revista *Serviço Social & Sociedade*, n. 24, no artigo "O Serviço Social e o desenvolvimento", de Ana Cristina Vieira e outros.

abordagem individual apoiada na linha psicanalítica. Desde 1929, com a crise internacional do comércio e com a queda da Bolsa de Valores em Nova York, os assistentes sociais americanos haviam desenvolvido um novo método de trabalho com grupos. A década de 1940 trouxe, porém, uma nova exigência, em termos da ampliação desse método para a comunidade. Após a Segunda Guerra Mundial, tal exigência se transformou num verdadeiro imperativo, pois a voracidade expansionista americana demandava estratégias mais ágeis e capazes de gerar resultados mais rápidos, além de eficazes. Sob a denominação inicial de Organização de Comunidade esse método foi adotado oficialmente a partir do final da década de 1940, como linha operacional da política de ação da Organização dos Estados Americanos e como campo de intervenção profissional dos assistentes sociais.

Enquanto política definida pelo Estado americano, alojava em seu interior os interesses da classe dominante, que outros não eram senão a dominação política e a consolidação da hegemonia dos Estados Unidos sobre o continente. Os assistentes sociais, como principais agentes responsáveis por sua operacionalização, mais uma vez marcavam sua presença no cenário histórico como profissionais a serviço da classe dominante. No interjogo das relações sociais, na dinâmica da luta de classes, suas alianças eram alianças burguesas, sua face era a face do poder.

Foi principalmente nesse seu novo campo de intervenção profissional — a organização de comunidade — que o Serviço Social americano abriu possibilidades de realização do programa de intercâmbio cultural com o Brasil, recebendo assistentes sociais para treinamento, a partir do final da década de 1940, tanto nos Estados Unidos como em seus programas em andamento na América Latina. *Através de tal intercâmbio instalava-se um canal que lhe permitia repassar a ideologia subjacente na metodologia de seus programas, além de facilitar o tráfico de influência em relação à profissão, que contava com pouco mais de um decênio de existência no Brasil.*

A insubsistente identidade profissional e a frágil consciência social, responsáveis pela des-solidarização reinante entre os agentes, permitiram que se instaurassem complexos fenômenos, cujos efeitos, atravessando os umbrais do tempo, estão a repercutir ainda hoje no universo de vivências e no processo organizativo da categoria profissional. A "aristocracia profissional"[27] constitui um desses fenômenos. Com a expansão da base de recrutamento dos agentes profissionais, ocorrida sobretudo a partir de 1940, o Serviço Social viu aderirem às suas fileiras novos segmentos sociais. Se até então os agentes procediam da alta burguesia, das elites oligárquicas paulistas, agora uma nova realidade se colocava. O adensamento do aparato burocrático institucional do Estado, especialmente no segundo pós-guerra, demandava a presença de um número crescente de profissionais, para operacionalizar suas propostas políticas. As instituições, verdadeiros aparelhos ideológicos de enquadramento da classe trabalhadora, precisavam de agentes qualificados para colocar em marcha suas ações programáticas. Os movimentos católicos leigos, vivendo uma fase de adaptação às determinações da Constituição do Estado Novo, já não tinham mais como responder a essa procura. O resultado imediato foi o ingresso de pessoas provenientes da pequena burguesia e, especialmente, daquelas que já vinham atuando em instituições sociais. Essa ampliação do contingente profissional e a diversificação de seus integrantes produziram alterações significativas no contexto da categoria. Seus novos componentes não eram movidos apenas por ideais religiosos ou vocação para servir, nem sequer estavam preocupados com a preservação de poderes hegemônicos ou patrimônios particulares. Na base de suas escolhas, o que estava presente era a busca de qualificação profissional, de carreira remunerada e de melhores salários. A fragilidade da consciência social e do processo organizativo da categoria profissional

27. Adaptação da expressão "aristocracia operária", que segundo Hobsbawm "parece ter sido usada, desde meados do século XIX, para descrever certas camadas superiores da classe trabalhadora". Marx e Engels a utilizaram em uma de suas resenhas políticas, publicada em 1850 na *Neue Rheinische Zeitung Politisch-ökonomische Revue*, para citar "a facção reformista do Movimento Cartista que abrangia os membros da pequena burguesia e da aristocracia operária" (cf. Bottomore, 1988, p. 14-15). Oliveira (1987, p. 65) a situa na seguinte perspectiva: "entende-se pela expressão o fato de que o salário de um operário das indústrias modernas teria isolado esses novos grupos da ampla massa de empregados e de desempregados".

forneceu as bases necessárias para que se instalasse o fenômeno da aristocracia profissional. Recriando os mecanismos próprios da sociedade de classes, produziu-se na categoria um movimento de "estratificação social", baseado no estamento de gerações, do qual decorreram "classes", "subclasses" e "castas", o que veio a fragilizar ainda mais a já enfraquecida identidade profissional. A reificação, infiltrada na consciência dos agentes, levava-os a reproduzir os fetiches da sociedade capitalista, transformando a sua própria relação profissional em uma relação mediatizada por interesses econômicos, por posição no processo produtivo e por posições políticas. Tornava-se impossível, dessa forma, desenvolver identidade de interesses, objetivos comuns e, especialmente, consciência política, crítica, uma vez que seus elementos fundantes eram tragados pela força da alienação. Assim, o Serviço Social permanecia preso aos interesses da burguesia, produzindo práticas que respondiam simetricamente às demandas por ela estabelecidas. A fragilidade da consciência social deixava aberto o caminho para que se produzisse um outro fenômeno, dotado igualmente de grande potencial destrutivo em termos da consciência crítica: "a consciência estatutária".[28] Fruto do processo de reificação, que atua como um dos mais graves obstáculos à construção da consciência de classe, esse fenômeno respondeu historicamente pela falta de vigor na organização da categoria profissional e no desenvolvimento de formas de ação solidárias e cooperativas. Eliminando a dimensão coletiva do trabalho e subtraindo a perspectiva de classe, a "consciência estatutária" levava à priorização de objetivos meramente individuais. A ideologia da ascensão social, mediatizada pela posse de bens materiais e pela mudança de posição no processo produtivo, gerava uma permanente inversão de valores. Em vez de se preocupar com a produção de práticas materiais e concretas capazes de determinar um significativo impacto na totalidade do processo social, os agentes con-

28. Expressão utilizada por Lukács (1974, p. 192) para se reportar a uma condição que decorre do processo de reificação e que, penetrando na consciência do trabalhador, o leva a uma "busca de ascensão individual à classe dominante. É a negatividade puramente abstrata na existência do operário de sua dimensão de classe".

centravam todos os esforços na consecução de objetivos particulares, ou mesmo individuais, possuídos e impulsionados pela fonte de alienação que é a "consciência estatutária". A ascensão social se transmutava em ascensão individual à classe dominante, eliminando-se assim qualquer possibilidade de estruturação da consciência "de classe". *Práticas burocráticas, alienadas e reducionistas, destituídas de referencial histórico-crítico, foram o resultado material de todo esse processo, marcado ainda por uma intensa des-solidarização da categoria profissional, que incidia tanto sobre seus próprios pares como sobre suas relações com outras categorias profissionais.* Operando sempre com a identidade atribuída pelo capitalismo e ostentando a face dos detentores do poder a que estava vinculado — Estado, Igreja, classe dominante —, o Serviço Social caminhava em seu processo de institucionalização, atravessado continuamente pelo signo da alienação, que, como que encobrindo a consciência social dos agentes profissionais com um véu nebuloso e místico, os levava a se envolver com práticas conservadoras, burguesas, que visavam apenas a reprodução das relações sociais de exploração, fundamentais para a sustentação do processo de acumulação capitalista. Partindo de um conhecimento imediato e sensível da realidade e tomando o imediato por verdadeiro, deixavam de penetrar nas tramas constitutivas do real, de desvendar suas contradições internas, aquelas que efetivamente o explicam e permitem sua compreensão. Transitando pelo mundo dos fenômenos externos, das representações comuns, das aparências enganadoras, enfim, pelo mundo reificado próprio da sociedade capitalista, distanciavam-se da possibilidade de obter um conhecimento mais pleno do real, de atingir os fenômenos com os quais operavam. Adentravam, assim, os agentes profissionais no mundo da pseudoconcreticidade,[29] visualizando-o como um mundo autenticamente humano, no qual suas práticas fetichizadas ganhavam naturalidade e legitimidade. A estrutura reificada de suas consciências não

29. "O mundo da pseudoconcreticidade é um claro-escuro de verdade e engano. O seu elemento próprio é o duplo sentido. O fenômeno indica a essência e, ao mesmo tempo, a esconde. A essência se manifesta no fenômeno, mas só de modo inadequado, parcial, ou apenas sob certos ângulos e aspectos. O fenômeno indica algo que não é ele mesmo e vive apenas graças ao seu contrário" (Kosik, 1976, p. 11).

lhes permitia apreender o sentido utilitário e fetichizado de suas práticas, nem mesmo o uso axiológico que delas fazia a burguesia, transformando-as em importante instrumento ideológico de repressão e controle social. Tais práticas, assim como as teorias produzidas em uma sociedade de classes, refletiam não só a posição ocupada pelos agentes no processo de produção, mas especialmente a sua tentativa de torná-la eterna e inabalável, ainda que para tanto fosse necessário paralisar a própria história. Esta, porém, como produto da atividade material dos homens na produção de sua própria existência, não cessava de se manifestar nunca, revelando as contradições imanentes ao real. "Só é real aquilo que apresenta contradições, aquilo que se apresenta como unidade de contradições" (Lefebvre, 1979, p. 192). Assim, à medida que se aprofundava o processo de expansão e consolidação do regime capitalista e que se agravavam, na mesma medida, especialmente no segundo pós-guerra e nas décadas seguintes, as crises políticas, sociais e econômicas, começava a cair por terra a hegemonia do discurso e das práticas burguesas e com elas a reificada concepção do mundo[30] da burguesia. A emergência de um setor socialista internacional, que revigorava o movimento dos trabalhadores, aliada aos grandes danos trazidos pela Segunda Guerra Mundial, tornava praticamente impossível alimentar a ilusão de estabilidade da ordem social capitalista. Os diversos países do mundo, envolvidos na recuperação de sua economia e na reestruturação de sua organização societária e institucional, tinham ainda bem presente o profundo impacto produzido por aquela contenda universal. Mal refeitos das grandes catástrofes econômicas e políticas que marcaram o século XX: a Primeira Guerra Mundial, a crise econômica de 1929-1930 e o advento do Terceiro Reich, porém inabaláveis em sua causa, os trabalhadores do final da primeira metade do século XX eram homens forjados pela realidade e que desde há muito não se deixavam envolver pelas brumas da alienação. A própria vida os ensinara a se nutrir da seiva do real, a se fortalecer nas próprias lutas.

30. Segundo Goldmann (1968, p. 29), uma "concepção de mundo é precisamente este conjunto de aspirações, de sentimentos e de ideias que reúne os membros de um grupo (ou o que é mais frequente, de uma classe social) e os opõe aos demais grupos".

Rompendo com a alienação

Os momentos de crise, inerentes ao sistema capitalista, exercem um efeito bastante paradoxal sobre as pessoas e as classes sociais, em função de sua posição no processo produtivo, de sua aproximação à totalidade. De um lado, esses momentos tendem a "acentuar ainda mais a reificação, elevando-a mesmo ao seu paroxismo" (Lukács, 1974, p. 230), de outro, porém, são tais crises que proporcionam um "salto" (1974, p. 259) na estruturação da consciência de classe, imprimindo uma "nova orientação" (1974, p. 287) ao processo. Evidentemente, tal salto, do qual decorre uma aceleração da consciência, não se dá de forma linear ou mecânica e nem sequer pode ser interpretado como um ato instantâneo e isolado; guarda uma relação direta com o conjunto de circunstâncias a que está referenciado, além de pressupor um nível de consciência das contradições, como elemento fundante. Como condição primeira, é imprescindível, portanto, que a contradição seja admitida no pensamento como algo consciente e refletido, uma vez que "a contradição é a raiz de todo o movimento e vitalidade, pois somente ao conter em si uma contradição, uma coisa se move, tem impulso e atividade" (Hegel, 1969, p. 208).

Nesse sentido, a aceleração da consciência não é um produto derivado de condições externas nem mesmo o somatório de etapas de um processo. Ao contrário, é fruto de um movimento contraditório e complexo de um sujeito histórico que conseguiu, tanto quanto possível, se libertar da reificação, permitindo que ascendessem ao consciente as contradições imanentes ao processo histórico-social. Expressa fundamentalmente o resultado de uma busca consciente de superação da atitude contemplativa, imediata e superficial, e do pensamento abstrato, esvaziado de conteúdo, reflexão e crítica. Implica, portanto, uma ruptura crucial — a ruptura da alienação —, o que por sua vez demanda o abandono da autoconsciência metafísica, essa "relação infinita do espírito consigo mesmo" (Hegel, 1941, § 413, p. 238), essa "idealidade abstrata e formal" (1941, § 413, p. 238). Como processo histórico-social e referenciado a um projeto mais amplo de sociedade, essa ruptura da alienação não é por certo um ato individual apenas. É fruto de um movimento histórico de homens livres e associados na produção de sua existência social, na busca de compreensão da realidade e na produção de uma *práxis* humana crítica e revolucionária. Assim, a estruturação da consciência de classe e mesmo o salto que favorece a sua aceleração se dão no conjunto e no confronto de uma série de circunstâncias que envolvem desde as situações vitais — posição e interesses de classe, possibilidades de conhecimento —, até a prática social. *No caso do Serviço Social, as circunstâncias favorecedoras da estruturação da consciência coletiva de seus agentes dever: ser buscadas na ampliação do contingente profissional e na diversificação de seus integrantes, introduzindo-se assim na categoria diferentes visões de mundo, posicionamentos diversos*; devem ser buscadas também no próprio processo de institucionalização do Serviço Social, que passou a atuar diretamente no contexto empresarial, convivendo com a classe trabalhadora, assistindo a suas lutas e enfrentamentos já desde o final da década de 1950; por outro lado, não podem deixar de ser procuradas na retração dos movimentos católicos leigos, o que determinou uma fratura na monolítica concepção religiosa de mundo que dava sustentação às ações profissionais. Finalmente, não podem ser esquecidas as profundas alterações introduzidas no quadro estrutural e conjuntural brasileiro, a partir do primeiro pós-guerra, tornando insustentável a reificada visão de mundo da burguesia e sua representação do real como um todo homogêneo, idêntico e uno. As próprias circunstâncias históricas, agora articuladas em um novo contexto interpretativo e apreendidas de forma crítica, evidenciavam que o imediato não era verdadeiro, que os múltiplos aspectos fenomênicos da realidade não eram independentes e absolutos e, principalmente, que a aparência da realidade não podia ser fixada como a realidade ela própria. O mundo da pseudoconcreticidade, no qual se lastreavam as práticas burguesas e onde a aparência da realidade era fixada como realidade essencial, eterna e imutável, revelava-se um mundo falacioso, ambíguo e enganador, ao ser interrogado criticamente. A partir do momento em que a consciência passa a ser consciência das contradições, em que "a contradição se torna princípio explicativo do real" (Cury, 1987, p. 32), em que se rompe o invólucro reificante da consciência, não há mais lugar para práticas alienadas e alienantes, não há mais por que permanecer no mundo da pseudoconcreticidade. A ruptura da alienação colocava, assim, para aqueles que vivenciaram tal processo, uma tarefa inadiável: negar o aparente, o instituído, o fixado pelo uso, o atribuído, rompendo, enfim, com a pseudoconcreticidade que oferece o terreno necessário para que se desenvolvam todos esses danosos produtos da reificação. A magnitude de tal tarefa e a importância de seus desdobramentos tornavam-na realizável somente por aqueles agentes que haviam superado as principais amarras da alienação e que, tomando por base o princípio da contradição, adquiriram condições de se aperceber do caráter manipulatório e utilitarista da *práxis* fetichizada. Para assumir o desempenho de tal tarefa, e antes mesmo de iniciá-la, era indispensável, portanto, ter superado a consciência ingênua e a consequente leitura unilateral, imediata e espontânea da realidade, que leva a uma abstrata percepção do todo. Lutar pela destruição do mundo das aparências implicava, então, realizar uma trajetória dialética, apoiada em um pensamento crítico-reflexivo, através do qual as criações fetichizadas do mundo reificado se dissolvem e perdem sua enganosa fixidez, permitindo que se revele o mundo real, oculto pela representação aparente. Trata-se, portanto, de uma *práxis* crítico-revolucionária, que tem necessariamente a dimensão do coletivo, do histórico-social, preservando, porém, o espaço da singularidade.[31] *Cada indivíduo, enquanto ser histórico-social, tem de desenvolver a sua própria busca de apropriação da contradição como princípio explicativo do real, tem de consumar o seu movimento histórico de ruptura da alienação no interior do coletivo. A face do singular e a do coletivo não se dissociam, portanto, ao longo desse movimento que tem na consciência a sua condição primeira, o seu elemento fundante.* No curso dessa ação, a consciência vai fazendo novas interpretações do real, desvendando a cada passo os seus nexos de articulação, desmascarando as relações de exploração que encobriam as verdadeiras relações histórico-sociais, *adquirindo, assim, compreensão e discernimento do caráter ilusório, fetichista e utilitarista da prática social burguesa*. A própria consciência vai transformando-se ao longo desse processo,

31. Kosik (1976, p. 19) assim se refere a esta dimensão da práxis revolucionária: "Cada indivíduo — pessoalmente e sem que ninguém possa substituí-lo — tem de formar uma cultura e viver a sua vida".

tornando-se consciência social, consciência política, consciência crítica, produto e condição da atividade material dos agentes.[32]

A estrutura reificada da sociedade capitalista, de um lado, e os próprios condicionantes da prática social burguesa, de outro, operam como sérios obstáculos para que se deflagre o processo de ruptura da alienação, de fortalecimento da identidade profissional e de amadurecimento da consciência social. Por parte da burguesia, todo esforço é feito para impor o mundo das aparências, para petrificar as condições históricas, tornando-as imutáveis e inatingíveis. Por parte dos agentes, a prolongada convivência com as práticas conservadoras e as alianças historicamente construídas com a burguesia acabaram por naturalizar a prática do Serviço Social como uma prática burguesa, sempre subordinada à burguesia ou por ela determinada. O fato de ter operado durante anos seguidos com uma identidade atribuída pelo capitalismo, sem um projeto profissional próprio e específico, marcou historicamente o Serviço Social como uma *profissão complementar, a serviço de terceiros, representando permanentemente formas mistificadas de repressão e controle.* O efeito dessa situação sobre a consciência crítica da categoria profissional e sobre seus projetos de prática foi bastante grave. Para muitos agentes nada havia de misterioso ou contraditório em se autonomizar a prática do Serviço Social, estrategicamente fazendo da profissão e deles próprios a "face humanitária" e a "mão caridosa" do Estado, da Igreja, da classe dominante. Aderindo fortemente à profissão, esse fetiche chegava mesmo a desfigurá-la, transformando a história da prática do Serviço Social no Brasil numa história pontilhada de alienações e fetichismos, que, de acordo com os momentos conjunturais da reali-

32. "A produção de ideias, de representações, da consciência, está, de início, diretamente entrelaçada com a atividade material e com o intercâmbio material dos homens como a linguagem da vida real. O representar, o pensar, o intercâmbio espiritual dos homens aparecem aqui como emanação direta de seu comportamento material. O mesmo ocorre com a produção espiritual, tal como aparece na linguagem política, das leis, da moral, da religião, da metafísica etc., de um povo. Os homens são produtores de suas representações, de suas ideias etc., mas os homens reais e ativos, tal como se acham condicionados por um determinado desenvolvimento de suas forças produtivas e pelo intercâmbio que a ele corresponde até chegar às suas formações mais amplas. *A consciência jamais pode ser outra coisa do que o ser consciente, e o ser dos homens é o seu processo de vida real*" (Marx e Engels, 1984, p. 36-37, grifo nosso).

dade e da profissão, eram valorizados, desprezados, escondidos, enaltecidos, tolerados, odiados, caindo, portanto, no jogo do claro-escuro, da verdade-engano do mundo da pseudoconcreticidade. À medida, porém, que os "agentes críticos" conseguiram libertar-se dos tentáculos da alienação, iniciou-se uma verdadeira odisseia, ao longo da qual negavam aquilo que tomaram historicamente por válido e real, superando a certeza sensível e a representação imediata. Tornando-se críticos de sua prática e da identidade à qual estava referenciada, adquiriam condições de refletir,[33] procurando desvendar as tramas do real, para poder compreendê-lo, conhecendo a sua estrutura, captando a sua essência.[34] Nesse movimento de busca, que exige oposição, negação, contradição, a identidade atribuída do Serviço Social era questionada, revisitada pelos "agentes críticos", revelando suas inconsistências, fragilidades e submissões à lógica instituída pela sociedade de classes. Assim como as teorias e as práticas produzidas pela sociedade do capital, sua lógica era também construída sobre o estigma da divisão, expressando-se como uma lógica que implacavelmente fragmenta, divide, cinde o uno, incluindo ou excluindo pessoas do usufruto da riqueza social, de acordo com sua posição no processo produtivo.

Erigida sobre a divisão social do trabalho, sobre a divisão da sociedade em classes e sobre a hierarquia de posições sociais que lhe são caudatárias, e possuída pela mesma obsessão do idêntico da sociedade capitalista que a criou, *tal identidade, de forma impositiva e unilateral, dirigia-se teleologicamente para a homogeneização da divisão social do trabalho, como um princípio organizativo da sociedade de classes, para a naturalização das relações de exploração como base e condição para a acumulação capitalista, revelando, portanto, o seu caráter de estratégia de classe.*

---

33. "A representação tem, pois, sempre, como seu conteúdo, a contradição, mas não logra ter consciência dela; fica como reflexão exterior que transita da igualdade à desigualdade, ou da relação negativa ao Ser refletido dos diferentes em si. Ela opõe estas duas determinações exteriormente uma à outra, tendo em mira somente elas, mas não seu sobrepassar, que é o essencial e contém a contradição. *A reflexão sagaz, para mencioná-la aqui, consiste, inversamente, no compreender e enunciar a contradição*" (Hegel, 1969, p. 211, grifo nosso).

34. "Captar o fenômeno de determinada coisa significa indagar e descrever como a coisa em si se manifesta naquele fenômeno, e como ao mesmo tempo nele se esconde. Compreender o fenômeno é atingir a essência" (Kosik, 1976, p. 12).

A consciência crítica dos agentes permitia-lhes, nesse momento, *apreender tanto a identidade do Serviço Social, como sua prática no mundo capitalista, como contraditórias e complexas. A identidade atribuída, esvaziada da contradição, do movimento, transformava-se em algo inerte, sem nenhuma vitalidade;*[35] *as práticas burguesas, atravessadas por interesses de classe e produzidas a partir de interpretações técnico-científicas, a distância dos próprios usuários, não respondiam nem às suas demandas nem aos desafios colocados pela realidade.*

Somente a partir do momento em que se expandiu a base crítica da consciência social dos agentes, através da ruptura da alienação, é que eles puderam perceber o caráter conservador, subordinado e burguês de suas práticas. Tomando consciência de seu tempo e das condições históricas que o peculiarizavam, os "agentes críticos" procuravam somar esforços para destruir a pseudoconcreticidade, para se libertar das formas reificadas de prática que vinham marcando sua caminhada profissional. Historicamente, o continente latino-americano e a década de 1960 situam-se como o lugar e o tempo onde se engendrou esse movimento de questionamento crítico da própria realidade e, no interior desta, da prática profissional. Os anos 1960 foram particularmente difíceis para os povos latino-americanos, que desde o imediato segundo pós-guerra vinham enfrentando crescentes dificuldades de sua participação no processo produtivo. A dinâmica da acumulação capitalista, no contexto de uma economia dependente e monopolista, produzia formas peculiares de inserção na divisão social do trabalho, excluindo amplo grupo da possibilidade de acesso às estruturas de produção. À reprodução ampliada do capital correspondia uma reprodução ampliada da pobreza e do conjunto de problemas que a acompanham. O exército industrial de reserva e a massa de indigentes cresceram a tal ponto que a face do continente latino-americano era a desoladora face da pobreza, da fome, da doença. No plano político, a ascensão das ditaduras e o consequente cerceamento da liberdade produziam um quadro de tensão permanente, cujos reflexos

---

35. "Se se mantém na identidade imóvel que se opõe à diferença, transforma-se em determinação unilateral e destituída de verdade" (Hegel, 1969, p. 190).

atingiam a totalidade do processo social. No plano econômico, a América Latina era um continente de "veias abertas" (Galeano, 1979, p. 14) pelos interesses imperialistas, deixando escoar suas riquezas naturais, sua riqueza social, a energia vital de seus trabalhadores.

No Brasil, até mesmo por sua condição de polo privilegiado do desenvolvimento capitalista, o quadro político, social e econômico não só não diferia muito daquele que caracterizava a maior parte dos países latino-americanos como até se agravava. Envolvido no movimento expansionista do capitalismo e de sua consolidação em escala mundial, o país tinha as suas atenções muito mais concentradas nas questões econômicas e de política externa do que nas questões sociais propriamente ditas, que, entretanto, já não podiam ser contidas em seus próprios limites, desdobrando-se para além deles em manifestações que envolviam os mais diferentes segmentos da classe trabalhadora. A luta de classes ganhava as ruas, os movimentos populares cresciam em organização e mobilização. Opondo-se de modo radical à emergência das classes populares nos quadros políticos e temerosos das ameaças ao seu poder hegemônico, os vários setores da burguesia uniram-se aos militares para buscar formas de controlar o quadro social e recuperar o seu domínio de classe. O resultado imediato foi o golpe de Estado de 31 de março de 1964, através do qual se implantava uma nova ditadura no país, destruindo-se de modo abrupto, violento e radical os avanços no processo organizativo das classes populares. O fechamento político-militar do regime determinava uma retração de todos os movimentos de natureza social.

Insensível a essa realidade, como atividade profissional inserida predominantemente no aparato burocrático-institucional do Estado brasileiro, o Serviço Social continuava o seu percurso alienante e alienador, reproduzindo práticas que por aspirar à universalidade, haviam se despojado das noções de tempo e de movimento. Sem nenhuma sincronia com o grave momento vivido pelo povo brasileiro, tais práticas eram duplamente subordinadas: aos modelos produzidos em outros contextos histórico-sociais, especialmente Estados Unidos e Europa, e aos interesses da classe dominante, secundariamente. Repetiam-se, qual um sagrado ritual, sem introduzir nenhum elemento novo na totalidade do processo social. Seus efeitos não ultrapassavam os limites das manifestações aparentes dos fenômenos, pois a estrutura reificada da consciência coletiva dos agentes e o pensamento esvaziado de reflexão e crítica que nela habitava não os levava a realizar questionamentos mais profundos ou a buscar resultados mais efetivos. Bastava-lhes a prática fetichizada, ritualística e fragmentária com a qual transitavam pelo mundo da pseudoconcreticidade, desenvolvendo uma prática igualmente pseudoconcreta. *O mesmo não ocorria, porém, com os segmentos mais críticos da categoria profissional, com aqueles agentes que haviam conseguido superar a alienação e que buscavam obter uma compreensão crítica da profissão e de seu significado no mundo capitalista, negando o aparente.* Entendiam que a identidade do Serviço Social não podia ser tão somente esse amálgama de funções ideológicas e econômicas atribuídas pelo mundo capitalista, através daqueles que detinham o poder. Sua prática, por outro lado, não podia ser visualizada apenas do ângulo do controle social, do enquadramento político e ideológico da classe trabalhadora, de acordo com os interesses do capital. Para esses agentes, o fato de se ter concebido, historicamente, a identidade do Serviço Social e sua prática como algo estático e imutável havia produzido uma verdadeira paralisia na consciência coletiva da categoria profissional, levando-a a se afastar do espaço social mais amplo da luta de classes e das contradições socioculturais por ela engendradas. Os anos 1960, ao longo dos quais se processou um agravamento do quadro político nacional, encontraram o Serviço Social recuado do cenário histórico, produzindo e reproduzindo práticas incapazes de se somarem aos esforços de construção e preservação de espaços democráticos em uma sociedade oprimida por uma ditadura militar.

O termo Serviço Social, de tanto ser utilizado de forma imprecisa e indeterminada, tornara-se "um destes significantes de uso comum, do qual se pode pedir, e do qual se pode obter, quase tudo o que se queira".[36]

---

36. Aproximação da referência feita por Nun (Kowarick, 1985, p. 16) ao termo *marginalidade* em seu trabalho *Marginalidad y participación social.*

O cotidiano profissional estava povoado de exemplos que deixavam claro que a "não identidade" tomara conta do Serviço Social. Atendendo mecânica e inquestionadamente aos interesses dos mandantes da prática, dos compradores de sua força de trabalho, os agentes já não discerniam mais o espaço ocupacional da profissão, as funções que lhe correspondiam e que peculiarizavam a sua prática. Assim, não obstante fosse crescentemente ratificada e absorvida pelo aparato burocrático-institucional, *a profissão não ganhava legitimidade entre os usuários nem valorização, seja na consciência popular, seja, paradoxalmente, na consciência de muitos de seus agentes.*

Para a classe trabalhadora, a prática do Serviço Social significava imposição, dirigida a situações particulares e divorciada dos reais interesses do proletariado; para os "agentes críticos", inúmeros eram os questionamentos que se colocavam quanto à legitimidade de uma prática que, aprisionada pela tecnoburocracia, deixava de pulsar com o movimento social e histórico, esvaziando-se politicamente e perdendo a possibilidade de responder aos desafios colocados pela realidade. Para esses, a profissão encontrava-se diante de uma grave crise, na qual se inseria o questionamento sobre sua identidade profissional, sobre sua legitimidade no mundo capitalista. A história ensina, porém, que o momento de crise é crucial, o momento da negação, a partir do qual se produz o devir, o novo. Elevando-se a um nível paroxístico, no contexto da crise, as contradições se chocam, se destroem, ao mesmo tempo que, nessa luta, o movimento que as une e do qual estão impregnadas leva-as a se interpenetrarem, buscando uma nova determinação, uma nova realidade pela superação dialética. A consciência, em meio a esse turbilhão, transformada em um verdadeiro campo de batalha, acelera a sua trajetória crítica. Tornando-se conscientes, as contradições são elevadas a princípios de conhecimento e, em consequência, de ação, produzindo nos "agentes críticos" a necessidade de lutar por uma nova realidade profissional. Engajados em um movimento que no âmbito interno da profissão recebeu a denominação de Movimento de Reconceituação, esses agentes assumiram, como uma causa revolucionária, a intensa e profunda análise da "situação"[37] do Serviço Social no continente latino-americano, tanto no que se refere ao exercício profissional como aos seus fundamentos teóricos. Abrindo espaços para o debate, para a reflexão e para a crítica, tal Movimento procurou aglutinar em torno de seus objetivos a maior parte dos agentes profissionais. *Não obteve, porém, uma resposta unívoca, pois a cisão do único, sobre a qual o capitalismo se constrói, havia penetrado na categoria profissional, transformando-a em uma categoria fragmentada, fragilizada e desunida.* Não encontrando a base necessária, até mesmo o que veio para unir levou a uma nova ruptura dentro da categoria profissional, que passou a dividir os seus agentes em reconceituados e não reconceituados, em tradicionais e revolucionários. O processo histórico de institucionalização do Serviço Social e a fragilidade da consciência social da categoria profissional certamente são fatores explicativos para esse fenômeno. Estigmatizado pela identidade que lhe fora atribuída pelo mundo capitalista e possuído pelo fetiche da prática, o Serviço Social havia caminhado muito pouco no processo organizativo de sua categoria profissional, no seu amadurecimento político. A década de 1960, mais precisamente o ano de 1965, momento em que se iniciou a deflagração do Movimento de Reconceituação — resposta a uma crise interna da profissão, aguçada por uma "crise" estrutural e conjuntural da realidade brasileira —, encontrou a categoria profissional como um grupo subalterno que, não tendo tomado coletivamente consciência de sua força e de suas possibilidades, não havia conseguido superar ainda a fase do primitivismo em termos de consciência política, de consciência crítica. Porém, "a existência de ideias revolucionárias numa determinada época já pressupõe a existência de uma classe revolucionária" (Marx e Engels, 1984, p. 73), *o que, além de impulsionar o Movimento de Reconceituação, determinava também a expansão da base crítica da categoria profissional*[38]. Esta, bastante marcada ainda pelo signo da alienação,

37. O termo *situação* está sendo utilizado no sentido proposto por Sartre (1979, p. 34), para quem situar significa "determinar o lugar real do objeto considerado no processo total".

38. Tomando por escopo estritamente os objetivos da presente reflexão, restringimos a — análise do Movimento de Reconceituação ao caso latino-americano. Ressalte-se, porém, que

encontrava-se envolvida por uma prática que, enquanto generalidade abstrata, se consumia na simples imediatidade, consumindo, na mesma medida, a consciência daqueles agentes que não conseguiam se aperceber da reificação e se revoltar contra suas amarras. Diferentemente daqueles que assumiam a contradição como chave para decifrar os enigmas do real, estes a afastavam do horizonte, construindo a sua prática a partir de uma identidade abstrata e vazia, desprovida de vida e de movimento. Apoiados em velhos princípios da antiga lógica, que durante muito tempo deram sustentação à formação profissional dos assistentes sociais, tomavam a identidade por verdade absoluta, deixando de considerar que "a identidade, em vez de ser verdade em si e a verdade absoluta, é, antes, o seu contrário; em vez de ser a simplicidade imóvel, é o ultrapassar-se fora de si na sua própria dissolução" (Hegel, 1969, p. 192). De consequências ainda mais graves, por reforçar a alienação e o fetichismo da prática manipulatória, providencialista, era o afastar da contradição como princípio explicativo do real, atitude muito própria do pensamento conservador burguês, para o qual as profundas lições de Hegel sobre a identidade e a contradição[39] não ganhavam significado, nem continham repercussão no plano operacional.

Assim, no interior da categoria profissional conviviam alienação e crítica, não como dois blocos monolíticos, mas como termos opostos de uma relação, em que a contradição permanecia ainda oculta pela indeterminação da identidade atribuída e abafada pelo peso do pensamento conservador. A frágil consciência coletiva da categoria profissional impedia que a consciência crítica se firmasse como uma

---

Europa e Estados Unidos, observadas suas peculiaridades, viveram também esse momento de revisão crítica do Serviço Social, que produziu, como desdobramento mais significativo, a linha de prática denominada "Serviço Social Radical", cuja característica fundamental é a utilização do método dialético na operacionalização da prática social.

39. "Mas um dos preconceitos fundamentais da lógica atual e de representação correntia consiste em ver que a contradição não é uma determinação tão essencial e imanente com a identidade; então, quando se fosse tratar de uma ordem hierárquica e fosse preciso manter ambas as determinações como separadas, então a contradição deveria ser considerada a mais profunda e a mais essencial (das Tiefere und das Wesenhaftere). Porque, em frente a ela, a identidade é apenas a determinação do imediato simples (einfachen Unmittelbares), do Ser morto, mas a contradição é a raiz e todo o movimento e vitalidade; pois, somente ao conter em si uma contradição, uma coisa se move, tem impulso e atividade." (Hegel, 1969, p. 208.)

unidade hegemônica, embora sua presença já se fizesse sentir em seus questionamentos e buscas. O próprio agravamento do quadro conjuntural brasileiro ao longo da década de 1960, demandando novas alternativas de prática, novas formas de aproximação à realidade, aliado à "existência de ideias revolucionárias", foi determinando a ampliação dos espaços críticos da categoria e tornando dialético o ser social dos agentes profissionais, o que os levava a buscar a superação da simples imediatidade. O caráter fetichista de sua prática e o processo alienador em que essa se encontrava inserida revelavam-se de modo claro e inequívoco para aqueles que a inquiriam criticamente. Alienação e crítica já não eram mais simples opostos. À medida que se expandia a base crítica da categoria profissional, transformavam-se em forças contrárias que iniciavam uma luta interna, no desenrolar da qual cada uma aspirava por sua própria vitória. A esse momento de desenvolvimento da consciência crítica correspondeu um fortalecimento da consciência corporativa da categoria profissional, levando os agentes que partilhavam dos mesmos objetivos a lutar pela organização interna do grupo profissional. Assim, ao mesmo tempo que se desenvolvia o Movimento de Reconceituação, como projeto social mais amplo, desenvolvia-se também o processo organizativo da categoria profissional. No plano do exercício profissional, o assumir do princípio da contradição tornava cada vez mais claro que a realidade como "unidade do fenômeno e da essência" (Hegel, 1969, p. 216) não podia ser estagnada e manipulada de acordo com os interesses do capital. Nela existiam forças contraditórias que expressavam o movimento dos homens na construção de sua vida material. Objetivando-se para os agentes, a realidade apresentava-se como o cenário da luta de classes, como o espaço contraditório e complexo onde os homens produziam a existência de acordo com sua consciência. Não cabia, portanto, à prática social romper com essa historicidade. *Alienação e crítica, mais do que contrários, tornavam-se agora contraditórios. Num intenso movimento de negação, ambas se negavam mutuamente, confrontando-se de modo ativo em uma luta que produzia um real movimento de crise.* A consciência crítica dos agentes, tornada ainda mais crítica através de sua aproximação constante à sociedade como totalidade histórica, de sua reflexão sobre a identidade de sua profissão e sobre os caminhos e descaminhos de sua prática, impulsionava-os a lutar pela superação da alienação, pela produção de novas alternativas de prática. A prática tradicional, porém, lutando para não perecer diante desse movimento dialético, procurava agarrar-se às estruturas das organizações, enclausurando-se nos espaços institucionais que lhe eram atribuídos. Tentando despojar-se daqueles aspectos externos que a deixavam mais vulnerável: sua estreiteza, seu reducionismo, seu enfoque controlista e conservador, a prática tradicional se tornava ainda mais racional e abstrata, assumindo o seu caráter de prática instituída e subordinada a interesses não produzidos no âmbito interno da categoria profissional.

Vibrando em um movimento igualmente tenso, os "agentes críticos" procuravam criar formas de consolidação de uma nova proposta de prática, instituinte, emancipada, identificada com os interesses das classes populares, liberta das estruturas reificantes que por tanto tempo operaram como obstáculos à sua marcha histórica.

Assim, numa relação complexa, alienação e crítica lutavam para permanecer vivas no mesmo cenário profissional; porém, o movimento mais radical e profundo da negação recíproca, negação da negação, produziu o confronto mais intenso e desse resultou a superação, o novo. Deixando de existir em si mesma, isolada, como etapa superada mas existente, através de sua negação, no resultado obtido, a alienação permanecia presente na nova prática como uma contradição viva e vivida, conservada e negada, compondo com ela uma unidade de diversos, uma unidade dialética. *Mas a consciência crítica da qual os agentes eram portadores e que se materializara com a ruptura da alienação, com o amplo assumir da contradição ensejado pelo Movimento de Reconceituação, intensificava-lhes o desejo e direcionava-lhes as ações no sentido de lutar continuamente por novas superações dialéticas, pela expansão da consciência política da categoria profissional, pela ampliação de espaços para a produção do novo. A partir do momento vivido no Brasil, de modo predominante ao longo das décadas de 1970 e 1980, em que conseguiram se identificar como um grupo portador de um projeto profissional comum, construído com base em uma consciência política coletiva do papel que desempenhavam, e que deveriam desempenhar, na totalidade do processo social, os agentes colocavam-se em condições de ingressar no universo da "classe para si" do movimento operário, superando sua própria consciência burguesa e participando da prática política da classe operária.* A contradição básica entre alienação e crítica, entre prática conservadora e prática política, revolucionária, se não totalmente resolvida, ao longo do tempo tornara-se uma contradição consciente e assumida. A própria identidade, no curso desse processo dialético, deixou de ser encarada como algo estático, imóvel e definitivo. *Posta em seu lugar no cerne do movimento, envolvida por múltiplas forças contraditórias, a identidade começou a ganhar uma nova dimensão de força viva, de movimento permanente, de construção incessante.*

Tornava-se cada vez mais claro que era preciso desalojar do interior da categoria profissional a reificada e reificante identidade atribuída, lutando coletivamente pela construção de uma nova identidade, plena de historicidade e capaz de se articular com as forças revolucionárias que buscam a construção de uma nova sociedade. Tal identidade por certo não poderia ser encontrada no "deserto da essência"[40] a que se referiu Hegel, nem sequer nas estruturas organizacionais em que o Serviço Social estava inserido, e muito menos no emaranhado de interesses contidos no projeto de hegemonia da classe dominante. *Era na realidade concreta, no movimento da luta de classes, no conjunto de relações, diferenças, interações e contradições que sua construção poderia consolidar-se, ganhando materialidade, concretude histórica e movimento interno incessante. A tomada de consciência dessa nova e fecunda dimensão da identidade determinava um novo percurso para a caminhada da categoria profissional, pois colocava como um verdadeiro imperativo a busca de aproximação com as classes populares. Estas, enquanto usuárias de seus serviços, eram parceiras indispensáveis na tarefa de construção de identidade.* Somente conhecendo a sua realidade de classe, as reivindicações coletivas de seus membros, as dificuldades materiais na produção da existência, é que se poderia reverter o quadro de uma prática impositiva, coercitiva e controlista. *No plano do exercício profissional, a esse momento vivido ao final dos anos 1970 e início da década de 1980, correspondeu um avanço significativo da prática*

40. Citado por Henri Lefebvre (1979, p. 221): "Hegel, numa de suas fórmulas mais fortes, fala do 'deserto da essência...'."

social, especialmente no sentido de que passou a ter um novo ponto de ancoragem, construído com base nas alianças com a classe trabalhadora. Se não hegemonicamente, mas ao menos com grande expressão, havia um reconhecimento pelo coletivo da categoria da importância daquelas alianças e, principalmente, da necessidade de se criar marcos de referência para a ação profissional que extrapolassem os limites das estruturas institucionais. A prática profissional impunha-se iniludivelmente como uma prática política, cujas ações, vinculadas aos interesses das classes populares, procuravam somar-se às forças democráticas que impulsionam o desenvolvimento da sociedade. A própria expansão da categoria, sobretudo ao longo da década de 1970, é reveladora desse novo momento da prática profissional. Certamente esse dado não pode ser analisado de maneira isolada, pois está relacionado também com um aumento da demanda das chamadas profissões sociais, em função da complexa conjuntura histórica que caracterizou o Brasil dos anos 1970. Nesse período, o aumento do efetivo de profissionais brasileiros se fez de forma mais acelerada e intensa que em qualquer outro momento de sua história. Apenas para se ter uma ideia do que significou esse incremento, basta lembrar que no início da década de 1970, o Centro Brasileiro de Cooperação e Intercâmbio de Serviços Sociais — CBCISS — considerou relevante e significativo o número de assistentes sociais brasileiros que participaram dos encontros por ele promovidos ao final dos anos 1960 e início de 1970. *O número total de participantes era de 958 profissionais, conforme se pode verificar no Quadro I constante da Introdução.* Naquele momento, as fontes oficiais informavam haver não mais de dez mil assistentes sociais em todo o território brasileiro. Hoje, os dados fornecidos pelo Conselho Federal de Assistentes Sociais — CFAS — revelam que nos últimos cinco anos — de 1983 a 1988 — mais de 54 000 assistentes sociais se inscreveram nos Conselhos Regionais, encontrando-se, portanto, legalmente em condição de exercício profissional.

O Quadro II mostra a distribuição desses profissionais pelas diversas regiões do país, evidenciando sua concentração no eixo Rio-São Paulo, onde se encontram as maiores oportunidades de absorção da mão de obra especializada.

QUADRO II

Profissionais inscritos nos Conselhos Regionais de Assistentes Sociais

Região	Estados correspondentes	Nº de profissionais inscritos
1ª	Belém, PA	1.200
2ª	São Luís, MA	1.238
3ª	Fortaleza, CE	1.375
4ª	Recife, PE	2.303
5ª	Salvador, BA	1.789
6ª	Belo Horizonte, MG	2.746
7ª	Rio de Janeiro, RJ	10.200
8ª	Brasília, DF	1.250
9ª	São Paulo, SP	22.000
10ª	Porto Alegre, RS	1.995
11ª	Curitiba, PR	1.565
12ª	Florianópolis, SC	1.018
13ª	João Pessoa, PB	1.169
14ª	Natal, RN	830
15ª	Manaus, AM	985
16ª	Maceió, AL	741
17ª	Vitória, ES	788
18ª	Aracaju, SE	619
19ª	Goiânia, GO	901
20ª	Cuiabá, MT	914
Total		54.626

Fonte: Dados fornecidos pelo Conselho Federal de Assistentes Sociais em 7/6/1988.

A demanda pelos cursos de Serviço Social aumentou também no período, trazendo para as unidades de ensino significativo número de profissionais provindos das camadas populares, onde os impactos produzidos por uma política nacional autocrática e recessiva se faziam sentir de forma contundente.

No início da década de 1980, para atender a essa crescente demanda, havia no país *quarenta e seis unidades de ensino oferecendo cursos de graduação, sendo que seis ofereciam também cursos de pós-graduação.* A distribuição dessas unidades pela Federação pode ser vista no Quadro III.

QUADRO III

Distribuição das unidades de ensino pelo país*

Região						**Total**
Natureza	**Federal**	**Estad.**	**Munic.**	**Partic.**	**Grad.**	**Pós**
Norte						
Graduação	4	—	—	—	4	—
Pós-Graduação	—	—	—	—	—	—
Nordeste						
Graduação	5	1	—	3	9	
Pós-Graduação	2	—	—	—		2
Leste						
Graduação	4	—	—	2	6	
Pós-Graduação	1	—	—	1		2
Centro-Oeste						
Graduação	1	—	—	2	3	
Pós-Graduação	—	—	—	—	—	—
Sul II						
Graduação	—	1	1	16	18	
Pós-Graduação	—	—	—	1		1
Sul I						
Graduação	—	1	—	5	6	
Pós-Graduação	—	—	—	1		1
Totais gerais	17	3	1	31	46	6

* Dados fornecidos pela Associação Brasileira de Ensino de Serviço Social — ABESS em 1984 e divulgados pela Revista *Serviço Social & Sociedade*, n. 14, p. 137.

Conforme convencionou a ABESS, as regiões compreendem os seguintes Estados:

REGIÃO NORTE: Amazonas, Pará, Maranhão, Piauí
REGIÃO NORDESTE: Ceará, Rio Grande do Norte, Pernambuco, Paraíba, Alagoas, Sergipe e Bahia
REGIÃO LESTE: Rio de Janeiro e Espírito Santo
REGIÃO CENTRO-OESTE: Minas Gerais, Goiás e Mato Grosso
REGIÃO SUL II: São Paulo e Mato Grosso do Sul
REGIÃO SUL I: Paraná, Santa Catarina e Rio Grande do Sul

Meditando sobre esse conjunto de dados, bem como sobre os significados historicamente emprestados ao Serviço Social pela sociedade capitalista brasileira, verifica-se *o peso opressivo e a ação alienadora que sobre ele exerceram a identidade atribuída e o fetiche da prática.* Reduzindo-o a um "não-ser", um ser não efetivo e abstrato, levaram-no a produzir uma prática igualmente abstrata, não efetiva, sem conexão com o real. Todas as evidências históricas colhidas ao longo da caminhada *ratificaram a hipótese inicial sobre o quanto a ausência de identidade profissional fragilizou a consciência social dos agentes, abrindo amplo espaço para a penetração da alienação, verdadeiro estigma da existência social no regime capitalista.* Foi só a partir do momento em que começou a romper a alienação, a negar identidade atribuída, a recusar os modelos importados, que a categoria profissional conseguiu expandir sua base crítica, produzindo novas alternativas de prática. Se historicamente a sua legitimidade decorreu de seu papel auxiliar no processo de reprodução das relações sociais capitalistas, agora a ruptura da alienação lhe permitia divisar um novo horizonte, no qual a ordem social capitalista já não ocupava mais uma posição hegemônica, antes expressando-se *como produto de um regime assinalado, como tudo o que é humano, pela transitoriedade.* O objetivo da prática social transportava-se, assim, para uma outra dimensão, *onde a busca fundamental passava a ser a produção de novas relações sociais, a superação da sociedade capitalista. Sua legitimidade decorria de seu caráter mediador no processo de transformação da realidade, de busca de novas totalizações sociais.* Uma nova dinâmica se colocava para o exercício profissional, baseando-se no movimento e não na estagnação na ação coletiva e não na particular, *na produção do novo e não na sacralização do instituído.* Assumindo sua dimensão social e despojando-se de pensamentos corporativistas, a prática social emancipada, livre da alienação, deve fortalecer-se cada vez mais, não só através da maior coesão da categoria profissional, mas também através de sólidas e consistentes alianças com as classes populares, com outras categorias profissionais e com todos os segmentos sociais cuja prática contenha um firme desejo revolucionário[41] e uma convicção de que as pessoas são capazes de transformar a realidade, como seres histórico-sociais e membros de uma classe articulada.

41. Gramsci (1984b, p. 41) assim se refere à questão do desejo: "Só quem deseja fortemente identifica os elementos necessários à realização de sua vontade".

Contendo um grave paradoxo, tal opção, possível só para uma categoria cuja consciência crítica a tenha levado a ingressar no universo da "classe para si", da prática política da classe trabalhadora, implica uma ampla, intensa e profunda reflexão. *Na verdade, ao assumir como seu fim último a superação da sociedade capitalista, a profissão está assumindo sua própria superação em termos da condicionalidade material que hoje peculiariza sua prática.* Ao participar da demolição das nefastas condições que engendraram o capitalismo e que o caracterizam, identificando-o como um regime pleno de desigualdades e contradições, atravessado pela exploração, está destruindo as condições em que foi gerada e nas quais desenvolveu os seus modelos de prática. Problematizar tais modelos, buscar resolver as contradições que os acompanham, implica negar a prática instituída, destruí-la dialeticamente, *levá-la à sua dissolução para que, numa verdadeira superação dialética, seja possível produzir e consolidar uma nova alternativa de prática.*

Portador, portanto, da mesma vocação daquela que é a sua companheira necessária na tarefa — a classe trabalhadora —, o Serviço Social só poderá libertar-se de modo efetivo e real das amarras que o aprisionam ao capitalismo superando o próprio capitalismo e, ao fazê-lo, superando-se a si mesmo. Tal superação, plena de vida, é um canto de aleluia e não de luto. Dela decorre um novo momento histórico, uma nova alternativa de prática. Não se trata de "voltar para o céu" dos idealistas, buscando proteção na essência metafísica, na couraça da identidade atribuída. Trata-se da reconstrução histórica, da reconciliação com a vida, com o movimento, fonte da própria vida.

Conclusões

O real não está na saída nem na chegada, ele se dispõe para a gente é no meio da travessia.
Guimarães Rosa

Os vários patamares percorridos ao longo do itinerário de busca que nos propusemos a realizar permitem-nos considerar que alguns importantes resultados decorreram dessa caminhada. Sempre acompanhada da indagação fundamental sobre a identidade profissional do Serviço Social e sobre o real significado de sua prática na sociedade capitalista, e equipada tão somente com as categorias fundamentais da dialética, por nos permitirem desvendar o real, iniciamos a trajetória. Com o auxílio de tais categorias e apoiada naquela indagação, transformada em pergunta-guia de nosso caminhar, tratamos de penetrar na história através de uma transversal do tempo, buscando colher, ainda em seu nascedouro, tanto o capitalismo quanto o Serviço Social como fenômenos profundamente relacionados.

Do alto de uma escarpada colina, em um remoto ponto da Europa Ocidental, visualizamos o pôr do sol do século XVI, no horizonte do mundo feudal. Os últimos raios solares que lutavam para ainda não se recolher permitiam que se constatasse que a desintegração do feudalismo atingira um estágio bastante avançado. A crescente subordinação da produção ao capital e o surgimento de uma relação de classe entre o capitalista e o produtor deixavam claro que o modo de produção legado pela sociedade feudal não resistira ao avanço do capitalismo, sendo por ele superado ao longo do século XVI. Quando o novo dia apareceu e o século XVII despontou no cenário, importantes mudanças se processavam na estrutura da sociedade. O capitalismo, em sua marcha expansionista, no período compreendido entre o século XVII e XIX, transitando de sua fase mercantil para a fase industrial, mudara a face da sociedade europeia. Vivamente impulsionado pela Revolução Industrial, alterara o processo de produção já a partir do terço final do século XVIII, impondo também expressivas modificações às relações sociais que giravam em torno dele. Ao atingir sua maturidade durante o século XIX, havia dilacerado a antiga malha social, produzindo uma nova sociedade, que trazia na cisão e na ruptura o seu sinal distintivo. A sociedade europeia do final do século XIX era a do capitalismo constituído, abrigando a burguesia e o proletariado como classes sociais antagônicas, além de abrigar um grande contingente de pobres produzidos pela própria acumulação capitalista. Tratava-se, assim, de uma organização societária que não só fora engendrada de modo violento e doloroso, nutrindo-se da decadência da antiga ordem feudal, como também alimentava cotidianamente formas brutais de exploração do trabalhador, de violência aos pobres. Uma sociedade com tais características, assim como o regime capitalista que a produzira, atravessados ambos pelos insidiosos signos da desigualdade, da exploração e da contradição, traziam como determinação e condição de sua existência o fato de serem permanentemente impostos. Até mesmo como estratégia de autopreservação do regime e de garantia de sua estabilidade interna, a classe dominante buscou criar bases de sustentação ideológica para ele, generalizando a imagem do capitalismo como a ordem social definitiva. Tal imagem não guardava coerência com a realidade, onde a "questão social" se pronunciava de forma cada vez mais incisiva, deixando claro que o centro de gravidade do mundo burguês estava passando por uma importante alteração: se durante todo o transcurso do século XVIII o capital dominara o processo de trabalho, no século XIX os fluxos históricos produzidos pelo avanço do movimento dos trabalhadores eurocidentais determinavam uma nova correlação de forças. Já não era mais possível para a burguesia deixar de reconhecer que a ordem social por ela produzida emitia sinais de enfraquecimento e que a reprodução das relações sociais de produção capitalista encontrava-se em risco. A classe trabalhadora, cujo crescimento físico ela estimulara, vendo na superpopulação relativa e no exército industrial de reserva um fator de expansão de seu capital e de equilíbrio de sua mão de obra, agora a atemorizava. Os trabalhadores não haviam crescido apenas numericamente. Mais que isto, haviam assumido a sua condição de classe, com consciência de classe. A pobreza por sua vez já não tinha mais condição de ser mantida como a face oculta do capitalismo, pois, qual um verdadeiro flagelo social, estava cada vez mais evidente. A contraditória realidade do capitalismo estava aí nitidamente delineada: a expansão do capitalismo industrial, ao mesmo tempo que estendera o poder econômico da burguesia, também fortalecera a consciência de classe do proletariado. Por outro lado, a expansão do capitalismo se fizera acompanhar da expansão da "questão social". O progresso capitalista produzira, em sua marcha, a acumulação da pobreza e a generalização da miséria. A acumulação da riqueza, em um polo, havia produzido a generalização da miséria, no outro. Em uma conjuntura histórica tão complexa, plena de contradições e antagonismos, tornava-se mais difícil para a burguesia realizar o seu ambicioso projeto de estender para toda a sociedade uma estrutura econômica unificada, capaz de garantir a expansão de seu capital e a reprodução das relações sociais de produção capitalista, dando estabilidade ao seu poder político. Buscando a superação de tais dificuldades, a burguesia foi socorrer-se junto aos filantropos burgueses, responsáveis pela operacionalização da prática da assistência social. Construída com base na experiência pré-capitalista, tal prática visualizava a *assistência como uma forma de controlar a pobreza e de ratificar a sujeição dos trabalhadores aos interesses da classe dominante,* expressando-se como um mecanismo de controle social, essencialmente. Nesse sentido, despertava vivo interesse na burguesia, para quem um controle mais efetivo e rigoroso da questão social era crucial para a estabilidade do regime capitalista. Assim, ao se defrontar com as práticas sociais em uso e propor a racionalização da assistência de forma a dotá-la de mecanismos mais ágeis e de estratégias mais eficazes, a burguesia tinha objetivos muito claros, relacionados com o seu projeto hegemônico de domínio de classe. A reprodução das relações sociais, mediatizadas pela prática da assistência como uma importante estratégia de controle social, era a reprodução ampliada do domínio de classe. Racionalizar a assistência nessa fase final da primeira metade do século XIX e inicial da segunda, momento histórico em que a Europa era uma vasta república burguesa após as derrotas dos trabalhadores, significava transformá-la em um instrumento auxiliar do processo de consolidação do modo de produção capitalista, em uma ilusão necessária à eterna reprodução das relações capitalistas de produção. O que a burguesia desejava, ao se aproximar da prática social, era dela se apropriar para submetê-la aos seus desígnios. Não era seu objetivo produzir nenhuma alteração substancial na ordem social vigente, mas apenas amoldá-la às exigências do capital, mantendo-a sob seu rigoroso controle. Fortemente apoiados no ideário da Escola Filantrópica, que via nos antagonismos sociais uma condição do modo de produção capitalista, os donos do capital trataram de fortalecer as alianças com seus clássicos aliados: a Igreja e o Estado, tentando, estrategicamente, atemorizar a classe trabalhadora com essa renovada conjugação de forças. Tanto o organismo que resultou dessa união — a Sociedade de Organização da Caridade — como a prática social por ele engendrada — o Serviço Social — tinham assim a marca precisa do interesse burguês, articulando-se organicamente com a sociedade do capital e colocando-se a seu serviço. Aos assistentes sociais — responsáveis pela operacionalização da prática de assistência — ficavam atribuídas as tarefas de controle da questão social, complementadas por aquelas relativas à socialização do modo capitalista de pensar, ou seja, "o modo de pensar necessário à reprodução capitalista". Transformados em agentes ideológicos da burguesia, em modernos guardiões da questão social, multiplicaram-se rapidamente, assim como se ampliaram os raios de influência da Sociedade de Organização da Caridade por toda a Europa, atingindo os Estados Unidos nos últimos anos do século XIX, quando os efeitos da Grande Depressão ali já eram apreciáveis. Na mesma medida e com a mesma intensidade avolumavam-se os problemas políticos, sociais e econômicos que o já encanecido sistema capitalista não dava conta de solucionar. Tentando fortalecer-se com o próprio Estado, cuja presença na área econômica vinha crescendo, no terço final do século XIX, a burguesia europeia tratou de incorporar a prática da assistência social e sua estratégia operacional — o Serviço Social — à estrutura organizacional da sociedade burguesa constituída, *como um importante instrumento de controle social.* Absorvidos pela tecnoburocracia e enclausurados nas instituições para darem operacionalidade a propostas políticas de prática profissional de cuja elaboração não haviam participado, *ora a serviço da classe dominante ora a serviço do Estado burguês, os assistentes sociais tiveram roubados os seus espaços de construção de identidade.* Assim, acabavam por sucumbir aos ardis do capitalismo, ratificando e sancionando, pela continuidade do uso, a identidade que por ele lhes fora atribuída. Num verdadeiro fetichismo, a identidade atribuída ganhava um estatuto ontológico próprio, marcando persistentemente sua prática profissional. A grande conclusão que se impunha era a de que a ausência de movimento de construção de identidade fragilizara a consciência social dos agentes profissionais, *impedindo-os de assumir coletivamente o sentido histórico da profissão,* que acabou portanto por expressar e reproduzir a face do capitalismo, transformando-se em um de seus instrumentos de reprodução das relações sociais capitalistas. As próprias condicionalidades históricas que marcaram o surgimento do Serviço Social e que o peculiarizaram como uma ação direcionada para o controle dos problemas que decorriam da industrialização capitalista e de seu fluxo expansionista foram ratificadoras da apreensão do Serviço Social como um modo de aparecer típico do capitalismo constituído, por ele produzido à sua imagem e semelhança para servi-lo eternamente.

Tudo o que pudemos observar e constatar, na caminhada que realizamos, reforçava estas conclusões. Re-lembremos os fatos:

1º) a origem do Serviço Social como profissão tem a marca profunda do capitalismo e do conjunto de variáveis subjacentes — alienação, contradição e antagonismo —, pois foi nesse vasto caudal que ele foi engendrado e desenvolvido;

2º) é uma profissão que nasce articulada com um projeto de hegemonia do poder burguês como uma importante estratégia de controle social, como uma ilusão de servir, para, juntamente com muitas outras ilusões criadas pelo capitalismo, garantir-lhe a efetividade e a permanência histórica;

3º) é uma profissão que já surge no cenário histórico com uma identidade atribuída pelo capitalismo. Em vez de ser produzida historicamente, decorreu do poder hegemônico da classe dominante, que roubou dos agentes a possibilidade de construir formas peculiares de prática, autenticamente sociais;

4º) os modos de produção da identidade, como categoria histórica, social e política, estão relacionados com o movimento da história, pois ela pulsa com o tempo e o movimento. Por isso, *a classe dominante tratou de distanciar a prática social da própria história, aprisionando-a em uma identidade atribuída, fixa, imóvel, estagnada, porém amoldada sempre às exigências do capitalismo*;

5º) nesse sentido, nem mesmo os referenciais extraídos dos modelos anteriores de assistência foram elaborados criticamente. Reproduzindo de forma linear e mecânica as características das práticas pré-capitalistas (controlistas, repressivas, punitivas e intimidativas), a prática social burguesa ganhava a marca de uma ação coercitiva e imposta, não legitimada pela classe trabalhadora;

6º) a prática objetiva desenvolvida pelos agentes, ao longo do tempo, deixava claro que *a base persistente da prática fora, sempre, a identidade atribuída*. Aderindo firmemente à prática como um verdadeiro fetiche, penetrou através dos flancos abertos pela fragilidade política da categoria profissional, passando a substituir a consciência na sua insubstituível tarefa de indicar a direção da caminhada, de definir as perspectivas de prática dos agentes, tendo por referência o projeto mais amplo da própria sociedade;

7º) o resultado dessa autonomização da prática, de sua ruptura com a consciência social de seus agentes foi a profunda penetração da alienação na categoria profissional, levando-a a produzir uma prática alienada, alienante e alienadora, portanto incapaz de responder historicamente às contradições e aos antagonismos encravados no cerne do capitalismo;

8º) a ausência de identidade profissional e a fragilidade da consciência social da categoria profissional impediram-na de ingressar no universo da "classe em si" e da "classe para si" do movimento operário. Não reunindo condições para realizar o percurso em direção a uma consciência crítica, política, a profissão não conseguiu, até mesmo por seus limites corporativos, participar historicamente da prática política da classe operária, tendo sido absorvida pela tecnoburocracia da sociedade do capital;

9º) o desenvolvimento do modo de produção capitalista não se dá de maneira simples, unitário; ao contrário, tem um caráter dúplice. Acumular capital significou acumular o proletariado, assim como a acumulação da riqueza, em um polo, significou a generalização da miséria no outro. Foi exatamente nessa interface, nesse contraditório vértice do capitalismo, que se criaram as inflexões e as demandas que levaram a classe dominante a desenvolver estratégias de controle social. *Nessa relação contraditória e complexa de capital e trabalho, de riqueza e pobreza, é que se encontrava alojado o objeto da prática social;*

10º) transitando permanentemente pela relação capital-trabalho, riqueza-pobreza, a profissão, por força de sua identidade atribuída e como estratégia do próprio capitalismo, acabou por responder mais prontamente às demandas do capital, acentuando-se a sua característica de instrumento de reprodução das relações sociais de produção capitalista.

As mesmas categorias da dialética que nos acompanharam na caminhada e nos ajudaram a penetrar na história indicavam-nos agora que essa etapa da trajetória estava concluída e que era preciso organizar nossos achados em uma síntese provisória, capaz de se relacionar com as grandes indagações da profissão e de contribuir para a busca de novas totalizações. Tendo presente uma das leis da dialética, a lei da conexão universal, que nos ensina que tudo está relacionado, que todo o existente se relaciona reciprocamente, consideramos que, da riqueza de fatos, circunstâncias e constatações com as quais nos defrontáramos ao longo do percurso, devíamos extrair as portadoras do novo e que podiam constituir vias de ruptura dos problemas apontados. Assim, tornavam-se significativos os seguintes achados:

1º) a identidade atribuída pelo capitalismo ao Serviço Social era construída de avessos — coerção, intimidação, repressão —, e era, na verdade, uma forma mistificada de controle social. Nesse sentido, era uma identidade frágil, esvaziada de tempo, de história e *incapaz de resistir a um autêntico movimento de construção de identidade.* Sob a capa da estabilidade se ocultava uma grande fragilidade, sob o discurso da mudança se escondiam as estratégias de controle social;

2º) a prática social produzida pela burguesia era contraditória, submetendo a função social da assistência à sua função econômica, substituindo o educativo pelo assistencial e transformando a crítica em resignação, em passiva aceitação. Porém, *exatamente por ser contraditória, abria espaço para novas totalizações,* desde que visitada de modo crítico e sintonizada com o desenvolvimento das contradições sociais;

3º) situar o limite da prática social no plano da reprodução das relações sociais capitalistas era tomar por eterno algo transitório como o capitalismo. Assim, também, essa mesma transitoriedade, marca do existir humano, deixava claro que a *vinculação orgânica do Serviço Social ao capitalismo não podia ser interpretada como inquebrantável e inexorável.* Tal atitude equivalia a transformar a história em destino, a esvaziá-la daquilo que a caracteriza: a história é essencialmente movimento, é instituinte, constrói-se a cada momento, trazendo sempre novas possibilidades. Entre tais possibilidades encontra-se exatamente *a de superação dessa vinculação.* Libertando-se das amarras que a prendem a esse sistema e dos reducionistas modelos de prática por ele produzidos, a profissão caminhará no sentido *de participar coletivamente do processo de produção de novas relações sociais e de criação de alternativas peculiares de enfrentamento da relação capital-trabalho.* Rompendo com a alienação e superando suas próprias origens burguesas, o Serviço Social dará o passo inicial para o assumir coletivo do sentido histórico da profissão e para um novo momento de prática profissional, produzida por uma categoria crítica, politicamente assumida e capaz de lutar por sua identidade, não como ansiedade grupal ou obsessão pelo idêntico, mas como luta social pela transformação da sociedade. É preciso romper a estagnação e realizar a travessia, pois "é no meio da travessia que o real se dispõe para a gente".

É também no meio da travessia que o Serviço Social se revela cada vez mais claramente como uma instituição componente da organização da sociedade. Assim, perguntar por sua identidade significa perguntar por sua participação na trama de relações sociais, por sua legitimação como prática social de caráter popular, por seu vínculo com a formulação e execução de políticas sociais autênticas; enfim, significa perguntar *por seu papel no processo de produção de novas relações sociais e de transformação da sociedade, tendo presente que cada momento tem em si a força do inaugural, o impulso criador do novo!*

"Lutar, lutar, lutar, para a gente ser feliz; cantar, cantar, cantar, como a gente sempre quis."

Ivan Lins e *Vitor Martins*

Bibliografia

ABBAGNANO, Nicola. *Dicionário de filosofia*. Trad. Alfredo Bosi. São Paulo: Mestre Jou, 1970.

ABENDROTH, Wolfgang. *A história social do movimento trabalhista europeu*. Trad. Ina de Mendonça. Rio de Janeiro: Paz e Terra, 1977.

ANDER-EGG, Ezequiel *et al*. *Del ajuste a la transformación*; apuntes para una historia del trabajo social. Buenos Aires: Echo, 1975.

ANDERSON, Perry. *L'État absolutiste. L'Europe de l'Ouest*. Paris: Maspero, 1978. v. 1.

BAIROCH, Paul. *Revolução industrial e subdesenvolvimento*. Trad. José Augusto Guilhon Albuquerque. São Paulo: Brasiliense, 1976.

BARAN, Paul; SWEEZY, Paul. *A economia política do desenvolvimento*. 4. ed. Trad. S. Ferreira da Cunha. Rio de Janeiro: Zahar, 1977.

BARAN, Paul; SWEEZY, Paul. *Capitalismo monopolista*; ensaios sobre a ordem econômica e social americana. 3. ed. Trad. Waltensir Dutra. Rio de Janeiro: Zahar, 1978.

BASBAUM, Leôncio. *Alienação e humanismo*. 6. ed. São Paulo: Global, 1985.

BLOCH, Marc. *La société féodale*. Paris: Albert Michel, 1939.

BOTTOMORE, Tom (ed.). *Dicionário do pensamento marxista*. Trad. Waltensir Dutra. Rio de Janeiro: Zahar, 1988.

BRAVERMAN, Harry. *Trabalho e capital monopolista;* a degradação do trabalho no século XX. 3. ed. Trad. Nathanael C. Caixeiro. Rio de Janeiro: Zahar, 1981.

CARONE, Edgard. *A República Nova;* 1930-1937. São Paulo: Difel, 1974.

CARONE, Edgard. *O Estado Novo;* 1937-1945. São Paulo: Difel, 1976.

CARONE, Edgard. *O movimento operário no Brasil.* São Paulo: Difel, 1979.

CARVALHO, Alba Maria Pinho de. *A questão da transformação e o trabalho social;* uma análise gramsciana. São Paulo: Cortez, 1983.

CASTRO, Manuel Manrique. *História do Serviço Social na América Latina.* São Paulo: Cortez/Celats, 1984.

CELATS. *Serviço Social crítico;* problemas e perspectivas. Trad. José Paulo Netto. São Paulo: Celats/Cortez, 1985.

CERQUEIRA FILHO, Gisálio. *A "questão social" no Brasil.* Crítica do discurso político. Rio de Janeiro: Civilização Brasileira, 1982.

CHAUI, Marilena de Souza. *Cultura e democracia;* o discurso competente e outras falas. 4. ed. rev. São Paulo: Moderna, 1980.

CHAUI, Marilena de Souza. *Cultura e democracia;* o discurso competente e outras falas. São Paulo: Cortez, 1989.

CUNHA, Antônio Geraldo da. *Dicionário etimológico Nova Fronteira da língua portuguesa.* Rio de Janeiro: Nova Fronteira, 1982.

CURY, Carlos Roberto Jamil. *Educação e contradição;* elementos metodológicos para uma teoria crítica do fenômeno educativo. São Paulo: Cortez/Autores Associados, 1987.

DELLA CAVA, Ralph. Igreja e Estado no Brasil do século XX. *Estudos Cebrap,* São Paulo: Ed. Brasileira de Ciências, n. 12, 1975.

DICTIONNAIRE PETIT LAROUSSE. 7. tirage. Paris: Larousse, 1961.

DOBB, Maurice. *A evolução do capitalismo.* 9. ed. Trad. Manuel do Rêgo Braga. Rio de Janeiro: Zahar, 1983.

ENGELS, Friedrich. *A situação da classe trabalhadora na Inglaterra*. Trad. Rosa Camargo Artigas, Reginaldo Forte. São Paulo: Global, 1985.

FALEIROS, Vicente de Paula. *Metodologia e ideologia do trabalho social*. 2. ed. São Paulo: Cortez, 1981.

FALEIROS, Vicente de Paula. *O saber profissional e o poder institucional*. São Paulo: Cortez, 1985.

FAUSTO, Boris. *A Revolução de 30*. 3. ed. São Paulo: Difel, 1971. (Col. Brasil em Perspectiva.)

FAUSTO, Boris. *Trabalho urbano e conflito social*. São Paulo: Difel, 1976.

FAUSTO, Ruy. *Marx*; lógica e política. São Paulo: Brasiliense, 1983.

FERNANDES, Florestan. *A revolução burguesa no Brasil*. 3. ed. Rio de Janeiro: Zahar, 1981.

FERREIRA, Aurélio Buarque de Holanda. *Novo dicionário da língua portuguesa*. Rio de Janeiro: Nova Fronteira, 1975.

FREDERICO, Celso. *Consciência operária no Brasil*. 2. ed. São Paulo: Ática, 1979.

GABEL, Joseph. *La fausse conscience*. Essai sur la reification. 3. ed. Paris: Editions de Minuit, 1969.

GALEANO, Eduardo. *As veias abertas da América Latina*. 7. ed. Trad. Galeno de Freitas. Rio de Janeiro: Paz e Terra, 1979.

GARAUDY, Roger. *Para conhecer o pensamento de Hegel*. Trad. Suely Bastos. Porto Alegre: L&PM, 1983.

GIANNOTTI, José Arthur. *Trabalho e reflexão*; ensaios para uma dialética da sociabilidade. 2. ed. São Paulo: Brasiliense, 1983.

GIANNOTTI, José Arthur. *Origens da dialética do trabalho*; estudos sobre a lógica do jovem Marx. 2. ed. Porto Alegre: L&PM, 1985.

GOLDMANN, Lucien. *El hombre y lo absoluto*. Barcelona: Península, 1968.

GOLDMANN, Lucien. *Dialética e cultura*. 2. ed. Trad. Luís Fernando Cardoso, Carlos Nelson Coutinho e Giseh Vianna. Rio de Janeiro: Paz e Terra, 1979.

GOVENLOCK, Schaum. *Serviço Social*; um engajamento racional. Trad. Atila Barreto. Rio de Janeiro: Divisão Nacional do Sesi, 1966.

GRAMSCI, Antonio. *Concepção dialética da história*. 5. ed. Trad. Carlos Nelson Coutinho. Rio de Janeiro: Civilização Brasileira, 1984a.

GRAMSCI, Antonio. *Maquiavel, a política e o Estado moderno*. 5. ed. Trad. Luiz Mário Gazzaneo. Rio de Janeiro: Civilização Brasileira, 1984.

GRAMSCI, Antonio. *Os intelectuais e a organização da cultura*. 5. ed. Trad. Carlos Nelson Coutinho. Rio de Janeiro: Civilização Brasileira, 1985.

HEGEL, G. W. F. *La phénoménologie de l'esprit*. Trad. Jean Hyppolite. Paris: Aubier, Ed. Montaigne, 1941.

HEGEL, G. W. F. *Textos dialéticos*. Seleção e tradução de Djacir Menezes. Rio de Janeiro: Zahar, 1969.

HEGEL, G. W. F. *Précis de l'encyclopedie des sciences philosophiques, la logique, la philosophie de la nature, la philosophie de l'esprit*. 4. ed. Trad. J. Gibelin. Paris: Librairie Philosophique J. Vrin, 1978.

HEGEL, G. W. F. *Introdução à História da Filosofia*. São Paulo: Abril Cultural, 1980. (Col. Os Pensadores.)

HYPPOLITE, Jean. *Introducción a la filosofia de la historia de Hegel*. Trad. Alberto Drazul. Buenos Aires: Caldén, 1970.

HYPPOLITE, Jean. *Génesis y estructura de la fenomenología del espiritu de Hegel*. Trad. Francisco Fernándes Buey. Barcelona: Península, 1974.

HOBSBAWM, Eric J. *A era das revoluções*. 4. ed. Trad. Maria Tereza Lopes Teixeira e Marcos Penchal. Rio de Janeiro: Paz e Terra, 1982a.

HOBSBAWM, Eric J. *A era do capital*. 3. ed. Trad. Luciano Costa Neto. Rio de Janeiro: Paz e Terra, 1982.

IAMAMOTO, Marilda V.; CARVALHO, Raul de. *Relações sociais e Serviço Social no Brasil*; esboço de uma interpretação histórico-metodológica. São Paulo: Cortez/Celats, 1982.

IANNI, Octavio. *O colapso do populismo no Brasil*. Rio de Janeiro: Civilização Brasileira, 1968.

IANNI, Octavio. *Marx:* sociologia. 2. ed. Trad. Maria Elisa Mascarenhas, Ione de Andrade e Fausto N. Pellegrini. São Paulo: Ática, 1980.

IANNI, Octavio. *Dialética e capitalismo*. Petrópolis: Vozes, 1982.

IANNI, Octavio. Imagem e semelhança. *Revista de Psicologia Social*, São Paulo: Educ, n. 8, 1987.

KARSCH, Úrsula M. Simon. *O Serviço Social na era dos serviços*. São Paulo: Cortez, 1987.

KFOURI, Nadir G. *Determinação do objeto em Serviço Social*. Pontos de relevância. São Paulo: PUC, 1975. (Mimeo.)

KOSIK, Karel. *Dialética do concreto*. 2. ed. Trad. Célia Neves e Alderico Toríbio. Rio de Janeiro: Paz e Terra, 1976.

KOWARICK, Lúcio. *Capitalismo e marginalidade na América Latina*. 4. ed. Rio de Janeiro: Paz e Terra, 1985.

LEÃO XIII. Sobre a condição dos operários. In: LEÃO XIII. *Encíclica Rerum Novarum*. 6. ed. Petrópolis: Vozes, 1961.

LEFEBVRE, Henri. *Lógica formal/lógica dialética*. 2. ed. Trad. Carlos Nelson Coutinho. Rio de Janeiro: Civilização Brasileira, 1979.

LEFEBVRE, Henri. *Critique de la vie quotidienne*. Paris: L'Arche, 1968-1981.

LÊNIN, V. I. *Cuadernos filosóficos*. Buenos Aires: Estúdio, 1963.

LOPES, Josefa Batista. *Objeto e especificidade do Serviço Social*; o pensamento latino-americano. São Paulo: Cortez, 1979.

LUKÁCS, Georg. *História e consciência de classe*. Trad. Telma Costa. Porto: Publicações Escorpião, 1974. (Biblioteca Ciência e Sociedade.)

LUKÁCS, Georg. *Conciencia de clase*. Ecuador: Ed. Suramérica, s.d.p. (Coll. Armadillo Popular.)

MAGUINA, Alejandrino L. Trabajo social: servicio o actividad produtiva? *Acción crítica*, Lima, Celats/Alaets, n. 3, 1977.

MANNHEIM, Karl. *Sociologia sistemática*. Uma introdução ao estudo da Sociologia. 2. ed. São Paulo: Pioneira, 1971.

MANRIQUE CASTRO, Manuel. *História do Serviço Social na América Latina*. Trad. José Paulo Netto e Balkys Villalobos. São Paulo: Cortez, 1984.

MARSHALL, T. H. *Cidadania, classe social e status*. Trad. M. Porto Gadelha. Rio de Janeiro: Zahar, 1967.

MARTINELLI, Maria Lúcia. *O ensino do Serviço Social*: a busca de um caminho. São Paulo: PUC, 1977. (Mimeo.)

MARTINS, José de Souza. *Sobre o modo capitalista de pensar*. 2. ed. São Paulo: Hucitec, 1980.

MARX, Karl. *Miseria de la filosofia*. Trad. Dalmacio Negro Pavon. Madrid: Aguilar, 1969.

MARX, Karl. *Miséria da filosofia*. Trad. J. Silva Dias e Maria Carvalho Torres. Porto: Publicações Escorpião, 1976.

MARX, Karl. *Manuscritos econômicos e filosóficos*. Terceiro Manuscrito. 2. ed. Trad. José Carlos Bruni. São Paulo: Abril Cultural, 1978. (Col. Os Pensadores.)

MARX, Karl. *Teoria da mais-valia*. 2. ed. Trad. Mário Pugliesi e Edson Bini. São Paulo: Global, 1979.

MARX, Karl. *O capital*. Crítica da economia política. Liv. I. 9. ed. Trad. Reginaldo Sant'Anna. São Paulo: Difel, 1984.

MARX, Karl. *As lutas de classe na França*; 1848-1850. Apres. Antonio Roberto Bertelli. São Paulo: Global, 1986.

MARX, Karl. *O Dezoito Brumário de Louis Bonaparte*. Trad. Silvio Donizete Chagas. São Paulo: Moraes, 1987.

MARX, Karl; ENGELS, F. *Obras escolhidas*. Rio de Janeiro: Ed. Vitória, 1963.

MARX, Karl; ENGELS, F. *Manifesto del Partido Comunista*. Moscou: Ed. Progresso, 1981.

MARX, Karl; ENGELS, F. *A ideologia alemã*. 4. ed. Trad. José Carlos Bruni e Marco Aurelio Nogueira. São Paulo: Hucitec, 1984.

MÉSZÁROS, István. *Marx:* a teoria da alienação. Trad. Waltensir Dutra. Rio de Janeiro: Zahar, 1981.

MIGUEL, Walderez Loureiro. *O Serviço Social e a promoção do homem*; um estudo de ideologia. 2. ed. rev. São Paulo: Cortez, 1980.

MOORE JR., Barrington. *Las origenes sociales de la democracia y de la dictadura*. Barcelona: Península, 1973.

MORA, José Ferrater. *Diccionario de filosofia abreviada*. 5. ed. Buenos Aires: Ed. Sudamericana, 1975.

NETTO, José Paulo. *Capitalismo e reificação*. São Paulo: Ciências Humanas, 1981.

OLIVEIRA, Francisco de. *O elo perdido*. Classe e identidade de classe. São Paulo: Brasiliense, 1987.

PALMA, Diego. *La reconceptualización*. Buenos Aires: Humanitas, 1977.

PALMA, Diego. *A prática política dos profissionais*. O caso do Serviço Social. Trad. José Paulo Netto. São Paulo: Cortez, 1986.

PARODI, Jorge. El significado del trabajo social en el capitalismo y la reconceptualización. *Acción Critica*, Lima, Celats/Alaets, n. 4, 1978.

PEREIRA, Luiz. Primeira República e periodização histórica. *In*: SILVA, Janice Teodoro da. *Raízes da ideologia do planejamento*; Nordeste (1889-1930). São Paulo: Ciências Humanas, 1978.

PINSKI, Jaime. *O Brasil nas relações internacionais*; 1930-1945. 3. ed. São Paulo: Difel, 1971.

PIO XI. Sobre a restauração e aperfeiçoamento da ordem social. *In*: PIO XI. *Encíclica Quadragésimo Ano*. 6. ed. Petrópolis: Vozes, 1962.

PIRENNE, Henri. *Economic and social history of medieval Europe*. Trad. T. E. Clegg. New York: Harcourt Brace, s.d.p.

PIRENNE, Henri. *História econômica e social da Idade Média*. Trad. Lycurgo Gomes da Motta. São Paulo: Mestre Jou, 1965.

PIRENNE, Henri *et al*. *La fin du moyen-âge*. Paris: Felix Alcan, 1931.

PORTELLI, Hugues. *Gramsci et la question religieuse*. Paris: Anthropos, 1974.

PORTELLI, Hugues. *Gramsci e o bloco histórico*. Rio de Janeiro: Paz e Terra, 1977.

REVISTA DEBATES SOCIAIS. Documento de Araxá. Rio de Janeiro, CBCISS, supl. n. 3, 1969.

REVISTA DEBATES SOCIAIS. Documento de Teresópolis. Rio de Janeiro, CBCISS, supl. n. 4, 1970.

REVISTA DEBATES SOCIAIS. Documento sobre Funções do Serviço Social. Rio de Janeiro, CBCISS, supl. n. 5, 1971.

REVISTA SERVIÇO SOCIAL & SOCIEDADE. São Paulo, Cortez, n. 14, 1984.

RICHMOND, Mary. *Diagnóstico social*. Trad. José Alberto de Faria. Lisboa: Instituto Superior de Higiene Dr. Ricardo Jorge, 1950.

RODRIGUES, José Albertino. *Sindicato e desenvolvimento no Brasil*. São Paulo: Difel, 1968.

RODRIGUES, Leôncio Martins. *Industrialização e atitudes operárias*. São Paulo: Brasiliense, 1970.

ROSA, João Guimarães. *Grande sertão*: veredas. Rio de Janeiro: José Olympio, 1956.

SANTOS, Laymert Garcia dos. *Alienação e capitalismo*. São Paulo: Brasiliense, 1983.

SARTRE, Jean Paul. *Questão de método*. Trad. Bento Prado Junior. São Paulo: Difel, 1979.

SILVA, Maria de Guadalupe. *Ideologia e Serviço Social*. São Paulo: Cortez, 1982.

SIMÃO, Aziz. *Sindicato e Estado no Brasil*. São Paulo: Dominus, 1966.

SKIDMORE, Thomas. *Brasil*: de Getúlio a Castelo; 1930-1964. 4. ed. Rio de Janeiro: Paz e Terra, 1975.

SOBOUL, Albert. *Histoire de la Révolution Française*. Paris: Gallimard, 1962.

SOLA, Lourdes. *O golpe de 37 e o Estado Novo*. 3. ed. São Paulo: Difel, 1971.

SOUZA, Maria Luiza de. *Questões teórico-práticas do Serviço Social*. São Paulo: Cortez e Moraes, 1979.

SOUZA, Maria Luiza de. *Serviço Social e instituição:* a questão da participação. São Paulo: Cortez, 1982.

STONE, Lawrence. La revolución inglesa. *In*: STONE, Lawrence. *Revoluciones y rebeliones de la Europa Moderna*. Madrid: Alianza, 1978.

VERDÈS-LEROUX, Jeanine. *Trabalhador social;* práticas, hábitos, ethos, formas de intervenção. Trad. René de Carvalho. São Paulo: Cortez, 1986.

VIANNA, Luiz Werneck. *Liberalismo e sindicato do Brasil*. Rio de Janeiro: Paz e Terra, 1976.

VIEIRA, Ana Cristina *et al*. O Serviço Social e o desenvolvimento — de 1961 a 1968. *Serviço Social & Sociedade*, São Paulo: Cortez, n. 24, p. 101-123, 1987.

VIEIRA, Evaldo. *Autoritarismo e corporativismo no Brasil*: Oliveira Vianna e companhia. 2. ed. São Paulo: Cortez, 1981.

VILLAÇA, Antônio Carlos. *O pensamento católico no Brasil*. Rio de Janeiro: Zahar, 1975.

WEBER, Max. Parlamentarismo e governo numa Alemanha reconstruída. *In*: *Ensaios de Sociologia e outros Escritos*. São Paulo: Abril Cultural, 1974.

YAZBEK, M. Carmelita. A Escola de Serviço Social no período de 1936 a 1945. *Cadernos PUC*. São Paulo: Educ/Cortez, n. 6, 1980.

Sobre a autora

Maria Lúcia Martinelli

Assistente social. Doutora em Serviço Social pela Pontifícia Universidade Católica de São Paulo (PUC-SP). Pós-doutora em Fundamentos Políticos das Ideias Contemporâneas pela Universidade de São Paulo (USP). Docente, pesquisadora e coordenadora do Núcleo de Estudos e Pesquisa sobre Identidade do Programa de Estudos Pós-graduados em Serviço Social da PUC-SP. Professora visitante no curso de Pós-Graduação da Universidad Nacional de La Plata, Argentina. Atua como pesquisadora no Grupo de Estudos e Pesquisa: Formação, Trabalho, Desigualdade Social e Políticas Públicas, da Universidade Federal do Piauí.